GRAMMAIRE
HÉBRAÏQUE
ÉLÉMENTAIRE.

PAR

ALPHONSE CHABOT,
CURÉ DE PITHIVIERS.

TROISIÈME ÉDITION REVUE ET CORRIGÉE.

FRIBOURG EN BRISGAU. 1889.
B. HERDER, LIBRAIRE-ÉDITEUR.

MÊME MAISON à VIENNE (AUTRICHE), MUNICH (BAVIÈRE), STRASBOURG (ALSACE-LORR.)
ET ST. LOUIS, MO. (ÉTATS-UNIS), 17 SOUTH BROADWAY.

Delhomme & Briguet,   Victor Lecoffre,
enue de l'Archevêché, 3,   Rue Bonaparte, 90,
LYON.   PARIS.

GRAMMAIRE

HÉBRAÏQUE

ÉLÉMENTAIRE.

GRAMMAIRE

HÉBRAÏQUE

ÉLÉMENTAIRE.

PAR

ALPHONSE CHABOT,

CURÉ DE PITHIVIERS.

TROISIÈME ÉDITION REVUE ET CORRIGÉE.

FRIBOURG EN BRISGAU. 1889.
B. HERDER, LIBRAIRE-ÉDITEUR.
MÊME MAISON A VIENNE (AUTRICHE), MUNICH (BAVIÈRE), STRASBOURG (ALSACE-LORR.)
ET ST. LOUIS, MO. (ÉTATS-UNIS) 17 SOUTH BROADWAY.

Delhomme & Briguet,	Victor Lecoffre,
Avenue de l'Archevêché, 3,	Rue Bonaparte, 90,
LYON.	PARIS.

IMPRIMERIE DE B. G. TEUBNER, LEIPZIG.

Lettre

de Monseigneur Dupanloup, évêque d'Orléans
à l'auteur.

D'après le rapport très-favorable qui m'a été fait sur la *Grammaire hébraïque* que vous voulez publier, je vous donne bien volontiers mon approbation; j'espère que par sa clarté comme par sa solidité, cette grammaire contribuera beaucoup à développer l'étude de la langue sacrée, étude que j'ai si vivement recommandée dans mes *Instructions et réglements sur les études ecclésiastiques.*

Votre zèle et votre succès sont un honneur pour le diocèse et un grand encouragement pour vos confrères.

ORLÉANS, le dix Décembre 1875.

Félix, évêque d'Orléans.

Table.

Introduction.

Première Partie.

Des signes élémentaires.

Seconde Partie.

Des différentes parties du discours.

Troisième Partie.

De la Syntaxe.

Introduction.

I. Histoire abrégée de la langue hébraïque.

L'hébreu appartient à cette famille de langues que les savants appellent *sémitiques*, parcequ' elles étaient presque toutes parlées par les descendants de *Sem*. On les nomme aussi quelquefois langues *orientales*, expression inexacte, car le sens en est beaucoup trop étendu.

Dans l'antiquité la plus reculée nous voyons les langues sémitiques en usage dans les contrées qui s'étendent depuis le Tigre jusqu' à la Méditerranée et depuis l'Arménie jusqu' à l'Arabie méridionale. Elles étaient aussi parlée en Ethiopie, dans le nord de l'Afrique et dans la plupart des îles de la Méditerranée. Toute cette grande famille des langues sémitiques peut se diviser en trois branches principales: *l'araméen*, *l'arabe* et *l'hébreu*. Au nord, la plupart des peuples de la Syrie, de la Méso-potamie et de la Babylonie, descendants *d'Aram*, parlaient l'araméen. Au midi, dans toute la presqu'île arabique, en Ethiopie et dans le nord de l'Afrique on se servait de l'arabe. Enfin au centre—l'hébreu seul était en usage; on ne le parlait que dans la terre de Canaan et le pays des Phéniciens.

L'araméen, la plus rude et la moins développée des lan-gues sémitiques, se divisait en deux dialectes: le *syriaque*[1]),

---

1) La littérature syriaque a été très-brillante pendant les 5e et 6e siècles ap. J.-C. La version syriaque la plus connue est la *Peschitto* (simple). Le syriaque est encore la langue liturgique des Nestoriens et des Maronites.

vers l'occident, dans toute la Syrie, jusqu' à la Méditerrannée. A l'orient, en Mésopotamie, on trouvait le *chaldéen*. C'est cette dernière langue que parlait la famille d'Abraham, quand elle quitta la Mésopotamie pour se rendre dans la terre de Canaan. Abraham y trouva la langue hébraïque, déjà très-ancienne dans le pays, il l'apprit en peu de temps au milieu des Cananéens et la laissa à ses descendants qui la conservèrent toujours dans la suite.

L'*arabe* est l'inverse de l'araméen: c'est une langue douce, riche en voyelles et en formes. Il comprenait deux dialectes: l'*himiaritique* au sud et le *koreisch* dans presque tout le reste de l'Arabie. Le premier de ces dialectes semble avoir donné naissance à la langue *éthiopienne* dont il nous reste un monument dans une version des Livres Saints, faite au 5e siècle ap. J.-C. Le koreisch, poli et perfectionné dans la suite, devint la langue écrite des Arabes.[1]) La religion de Mahomet contribua beaucoup à répandre l'arabe sur une très-vaste étendue de territoire. C'est ce qui explique pourquoi cette langue est encore parlée dans un grand nombre de pays tandis que presque toutes les autres langues sémitiques sont depuis longtemps des langues mortes.

L'*hébreu* se rapproche beaucoup de l'araméen par la simplicité de sa phrase. Les monuments littéraires qui nous en restent sont remarquables par leur antiquité et leur importance. Dès le temps de Moïse l'hébreu avait atteint une perfection telle que l'on pouvait déjà composer

---

1) Il faut distinguer: 1° l'arabe *ancien* parlé dans l'antiquité; 2° l'arabe *littéral* qui est encore la langue savante des nombreuses nations qui professent l'islamisme; 3° l'arabe *vulgaire*, parlé aujourd'hui dans l'Arabie, l'Egypte, etc. Le Coran (la *lecture* par excellence) est écrit avec l'arabe littéral. Les versions arabes ne sont pas d'un grand poids dans la critique.

des ouvrages en cette langue. Le Pentateuque dont l'auteur était en si grande vénération dans le peuple juif, servit comme de type et de modèle à tous les écrivains postérieurs. Les meilleurs auteurs eux-mêmes n'osèrent rien changer à la langue du législateur jusqu' au temps de la Captivité. Il est probable que dans l'exil, les Juifs s'habituèrent peu à peu au chaldéen et ils l'apprirent d'autant plus facilement qu'il se rapprochait beaucoup de l'hébreu. De retour dans leur patrie, ils continuèrent presque toujours à parler le chaldéen.[1]) Cependant l'ancien hébreu fut conservé pour les cérémonies du culte et dans les livres sacrés.

Vers le temps de la Captivité, les Samaritains, sans parler le chaldéen dans toute sa pureté, lui empruntèrent un grand nombre de mots, qu'ils conservèrent ensuite dans leur langue.[2])

Quelques auteurs croient que le nom d'*Hébreux* fut donné à la famille d'Abraham par les habitants de Canaan, parcequ' Abraham était venu des pays situés au delà de l'Euphrate. D'autres font venir ce mot de „Héber“ un des ancêtres d'Abraham. Les Septante[3]) ont adopté la première interprétation en traduisant le mot „hébreu“ par ὁ περάτης (l'homme d'outre fleuve).

Les écrivains du N. T. désignent sous le nom d' „hébreu“ le chaldéen que l'on parlait de leur temps.[4])

---

1) Les passages suivants de la Bible sont écrits en chaldéen: Jérem. X, 11; Daniel II, 4—VII, 28; Esdr. IV, 8—VI, 18; VII, 12—26.

2) Outre le *Pentateuque*, dit *samaritain*, écrit en anciens caractères hébreux, les Samaritains ont encore une version du Pentateuque écrite dans leur dialecte.

3) La première version grecque des Livres Saints, dite des *Septante*, fut faite à Alexandrie, sous Ptolémée Philadelphe (277 av. J.-C.).

4) N. S. et les Apôtres parlaient un dialecte appelé *syro-chaldaïque* ou mieux *syro-jérusalémite*, comme l'a si bien démontré l'abbé de Rossi dans son livre «della lingua propria di Cristo».

Après la mort de J.-C. les Juifs se mirent à traduire les Livres Saints en chaldéen.[1] Ils donnèrent à leurs versions le nom de *Targums* c-à-d interprétations.[2] De plus, ils recueillirent les décisions de leurs Rabbins sur toutes les questions possibles touchant la loi soit écrite soit orale; cette collection s'appelle le *Talmud*. Le Talmud est une espèce de *corpus juris* où sont traitées toutes les questions civiles et religieuses. Il renferme, il est vrai, des données archéologiques de grande valeur, mais souvent aussi des fables ridicules, des faussetés manifestes, des impiétés et des blasphêmes contre la religion de J.-C. La plus ancienne partie du Talmud s'appelle *Mischna* (seconde loi) et la plus récente *Gémara* (tradition). A l'exception d'un grand nombre de passages écrits en chaldéen pur, le Talmud est rédigé dans une langue particulière appelée néo-hébraïque. Les rabbins se sont servis de cette langue dans un grand nombre d'ouvrages, mais ils lui ont donné une couleur hébraïque plus accentuée, ce qui lui a valu son nom. On l'appelle aussi langue *rabbinique*.

Les Juifs dispersés par toute la terre conservèrent parmi eux la langue sainte au moyen de la tradition. Au dixième siècle, Rabbi Chayug et Aben-Esra au douzième publièrent des grammaires. Ils furent de beaucoup surpassés par David Kimchi, célèbre littérateur mort en Provence vers l'an 1240. Dès le 12e siècle les théologiens catholiques se livrèrent avec succès à l'étude de l'hébreu, surtout après que les Souverains Pontifes eurent

---

1) A partir de cette époque, les Juifs appelèrent l'ancien hébreu «*langue sainte*» nom qu'ils lui ont toujours conservé dans la suite.

2) Les Targums sont en effet des paraphrases ou explications du texte plutôt que des traductions littérales. Les plus estimées sont celles d'Onkelos et de Jonathan ben Uziel.

ordonné d'enseigner dans toutes les universités l'hébreu, le chaldéen et l'arabe. Au 15e siècle, on se mit à étudier la langue sainte avec ardeur, en Espagne, en Italie, en France et en Allemagne. Jean Reuchlin mérita les plus grands éloges pour son immense érudition. Les Buxtorf de Bâle se rendirent célèbres au 17e siecle. Plus tard, d'autres savants travaillèrent à augmenter la connaissance de l'hébreu en le comparant avec les autres langues sémitiques. Parmi eux il faut citer Schultens, Schroeder et Jahn.

Au 19e siècle, Gesenius, Ewald, Olshausen, Arnold, Bickell, Böttcher, Laberenz, Stade, König, Kautzsch et Strack ont puissament contribué en Allemagne aux progrès des études hébraïques.

Les Allemands ne sont pas les seuls qui se soient distingués dans l'étude de l'hébreu. Il suffit de citer les noms de Sanctès Pagnin, de Walton qui a publié la Polyglotte de Londres, la plus compléte que nous ayons, Edmond Castel qui a joint à l'ouvrage de Walton un dictionnaire en sept langues, l'abbé de Rossi qui a laissé d'excellents écrits sur les langues orientales, etc. etc.

En France la langue sainte a été cultivée dans les chaires du collège de France par les Génébrard, Vatable, etc., en Sorbonne dans la chaire d'Orléans[1]); par un grand nombre de religieux, Jésuites, Bénédictins, Dominicains, Oratoriens etc., et aussi par des prêtres séculiers. Nous nommerons seulement Fabricy, D. Guarin, Thomassin, Ladvocat, D. Calmet et Glaire.[2])

---

1) Cette chaire fut fondée en 1751 «dans les Ecoles de Sorbonne, par le duc d'Orléans pour interpréter l'Ecriture Sainte, d'après le *texte hébreu*» Gramm. de Ladvocat.

2) Glaire a comparé les écrits bibliques de D. Calmet avec tout ce que l'Allemagne a produit de plus savant et il affirme «qu'il n'est pas un seul écrivain d'outre Rhin qui l'égale et que

II. De l'écriture des Hébreux.

Les anciens Hébreux ne se servaient pas pour
copier leurs livres sacrés des lettres que nous employons
aujourd'hui pour écrire l'hébreu. Les plus anciens monuments qui nous restent de l'écriture hébraïque sont l'in-
scription du monument de Mésa du temps de Josaphat
et celle de Siloé; nous possédons aussi des monnaies
frappées sous les Machabées. On y trouve les caractères
hébreux primitifs, tout à fait différents des nôtres. Ils
avaient pour l'écriture ordinaire des caractères qui pro-
bablement ressemblaient aux lettres que l'on trouve encore aujourd'hui dans les livres sacrés des Samaritains.
Le texte hébreu que nous avons est écrit avec les caractères *babyloniens* que les Juifs, après la Captivité, adop-
tèrent peu à peu, en même temps que le chaldéen.

Il semble qu'au temps de J.-C. les nouvelles lettres
avaient remplacé les anciennes, car J.-C. cite l'iota
(Matth. V. 18) comme la plus petite des lettres, ce qui
ne peut convenir qu'à l'écriture chaldaïque, puisque l'iota
était une des lettres les plus grandes dans l'ancienne
écriture des Hébreux. La nouvelle écriture appelée par
les Juifs *assyrienne* parcequ'ils avaient commencé à s'en
servir sur la terre d'exil, reçut plus tard le nom d'écriture *carrée des Chaldéens*, à cause de la forme presque
carrée d'un grand nombre de ses lettres. Les scribes des
synagogues s'appliquèrent avec zèle à donner à chaque
lettre la forme qui lui était propre et qu'ils regardaient
comme sacrée. En reproduisant ainsi avec une piété

---

la plupart d'entre eux lui doivent une grande partie de leur
érudition». Il ajoute: «le mérite des Allemands dans les langues
orientales est beaucoup exagéré par des admirateurs qui n'ont
pas fait une étude assez approfondie de ces langues». — En lisant
les auteurs allemands (Gesenius, Ewald, Rosenmüller, etc.) il faut
se tenir en garde contre leurs préjugés rationalistes.

scrupuleuse les caractères du texte biblique, les Juifs nous ont conservé nos Livres Saints dans toute leur intégrité.

Les Juifs, comme presque tous les peuples qui parlaient la langue sémitique, n'écrivaient que les consonnes. Les savants n'ont pu découvrir pourquoi les Anciens avaient adopté une écriture si difficile à lire. Peut-être existait-il pour une seule et même langue une grande variété de prononciation. En n'écrivant que les consonnes, on laissait au lecteur la faculté de suppléer les voyelles admises dans le pays où il se trouvait. Ainsi le texte sacré, prononcé de différentes manières, ne pouvait subir aucune altération car les consonnes restaient partout les mêmes.

Après la ruine de Jérusalem un grand nombre de Juifs dispersés dans le monde entier cessèrent de parler le chaldéen.[1]) Ils furent obligés d'adopter la langue des nations au milieu desquelles ils devaient vivre. La prononciation de la langue sainte devenant de plus en plus incertaine, ils résolurent d'ajouter les voyelles au texte sacré. Mais ils n'osèrent pas les insérer dans le corps des mots, de peur d'altérer l'ancienne écriture: ils placèrent les signes qui devaient servir de voyelles au dessus ou au dessous des consonnes. En même temps que les points-voyelles, ils ajoutèrent les accents qui se trouvent dans les bibles hébraïques. Ils écrivirent aussi à la marge des notes très-courtes qui, réunies ensemble, forment ce qu'on appelle la *Massore*[2]) (tradition). Ce fut en suivant

---

1) Cependant ils parlèrent le chaldéen en Palestine et en Syrie jusqu'au 9e siècle.

2) De toutes les parties de la Massore la plus importante est le *Kerê* et le *Chetib*. Les rabbins prétendent que le Kerê, ou note marginale, doit être préféré au Chetib qui est le texte même. Avant de se prononcer sur la valeur de l'un et de l'autre il faut soumettre le jugement des Massorèthes aux lois d'une saine critique (V. § 79).

la tradition que les Massorèthes fixèrent la leçon de l'hébreu d'une manière invariable: ils comptèrent les versets, les mots et jusqu'aux lettres mêmes de la Bible et rendirent ainsi impossible toute altération notable du texte sacré.

On pense que l'invention des points-voyelles eut lieu vers le 6e siècle ap. J.-C. Peut-être la Massore tout-entière est-elle sortie de l'ancienne école juive de Tibériade.

Cependant malgré la *ponctuation* si ingénieuse des Massorèthes, il s'introduisit dans les écoles juives différentes manières de prononcer les voyelles. La prononciation des Juifs qui habitent la Pologne et la Russie se rapproche de la langue syriaque. Ceux qui, après avoir traversé l'Arabie et l'Afrique, parvinrent dans l'Espagne et le Portugal, laissèrent à leurs descendants une prononciation qui se rapproche beaucoup de la langue arabe. La prononciation *portugaise* a été adopté par Reuchlin: elle est admise aujourd'hui par les Protestants et les Catholiques. La prononciation *polonaise* est en usage parmi les Juifs d'Allemagne et de Russie.

III. De l'usage de l'hébreu dans la science sacrée.

Presque tous les livres de l'A. T. ont été composés en hébreu. Nous n'avons plus depuis longtemps les autographes des auteurs, mais nous possédons des copies qui nous sont parvenues sans altération. Le texte hébreu n'est pas exempt de fautes de copistes, mais il n'a pas été corrompu dans les choses essentielles qui ont rapport à la foi et aux moeurs.

Ewald et Renan ont prétendu que les livres les plus anciens, comme le Pentateuque, Josué, etc. avaient été composés en plusieurs fois et par différents auteurs et qu'ils n'avaient reçu une rédaction définitive que peu de temps avant la Captivité. Peut-on soutenir une pareille assertion, quand on connait la vénération profonde que les Juifs avaient pour leurs livres sacrés et le soin avec lequel ils les lisaient et les transcrivaient? Josèphe nous affirme que pendant une si longue suite de siècles, personne n'a osé y rien ajouter, ni en rien retrancher.

On ne saurait supposer que tous les livres saints aient péri dans l'incendie de Jérusalem et du temple ou pendant la captivité de Babylone. Cent trente ans auparavant, les prêtres des dix tribus emmenées par Salmanasar avaient sans aucun doute emporté avec eux leurs livres sacrés. Les Juifs laissés dans la Palestine avaient peut-être conservé quelques exemplaires, et le Pentateuque se trouvait depuis longtemps déjà chez les Samaritains.

Esdras n'eut qu'à recueillir les différents manuscrits, à corriger les fautes de copistes et à dresser le Canon ou catalogue des livres qui devaient être reconnus comme sacrés.

La version des Septante en se répandant chez tous les peuples qui parlaient la langue grecque, rendit toute altération du texte hébreu impossible. Le cruel Antiochus voulut détruire tous les livres sacrés des Juifs, mais les Machabées se levèrent et moururent pour les défendre.

J.-C. lui-même exhorte les Juifs à lire les Ecritures (Joan. V. 39); il ne l'aurait pas fait si elles avaient été corrompues.

Dans les siècles qui suivirent J.-C., il n'était plus possible de falsifier le texte hébreu sans se mettre en contradiction avec les paraphrases chaldaïques, les versions grecques des Septante, de Symmaque, d'Aquila, de Théodotion et la version latine de la Vulgate. Les Massorèthes eux-mêmes n'ont pu, en haine du Christianisme, changer le texte de la Bible: ils auraient suscité les réclamations des Chrétiens, des Hérétiques et des Juifs Caraïtes leurs ennemis acharnés.

Ainsi le texte hébreu doit avoir pour nous une autorité incontestable.

Mais l'Eglise en déclarant la Vulgate authentique n'a-t-elle pas préféré cette version aux textes hébreu et grec, et nous est-il encore permis de recourir aux sources primitives?

Il s'agit ici de bien comprendre le décret du concile de Trente (Sess. IV): „Le saint synode considérant qu'il résulterait un grand bien pour l'Eglise de Dieu, si de *toutes les versions latines* qui sont en circulation, il y en avait une qui fut déclarée authentique et reconnue pour telle, ordonne que l'ancienne Vulgate que l'Eglise elle-même a consacrée par un usage de tant de siècles, soit tenue pour authentique dans les leçons publiques, les controverses, les prédications et l'explication de l'Ecriture, de sorte que personne ne prétende ou n'ose la rejeter sous quelque prétexte que ce puisse être.“

Le Concile voulant prévenir les graves inconvénients qu'il y aurait à citer tantôt une version, tantôt une autre, déclare la Vulgate *authentique* c-à-d faisant autorité, parcequ'elle est, quant au fond, conforme aux originaux et qu'elle ne contient aucune erreur contre la foi ou les mœurs.

Le Concile n'a pas préféré la Vulgate au texte primitif, ni aux versions grecques et orientales, car il n'en fait aucune mention: il leur laisse donc tout l'autorité qu'ils avaient auparavant. Il ne parle que des versions *latines* qui circulaient alors et parmi elles il déclare que la Vulgate doit seule être en usage pour le service public dans l'église latine. D'ailleurs on ne peut mieux connaître la pensée du Concile que par le témoignage de ceux qui ont eu part à ses décisions. Or parmi ceux-ci nous pourrions citer le Cardinal de Ste Croix qui présida la 4e session où fut rendu le décret dont il s'agit, Melchior Cano, André Véga, Andrada et Salmeron. Voici ce que dit ce dernier docteur: „Dans le décret sur l'édition et l'usage des livres sacrés, il n'était nullement

question des textes hébreu et grec; on avait seulement
en vue de choisir parmi tant de versions *latines* qui ont
paru dans notre siècle celle qui méritait la préférence
sur toutes les autres, mais le saint synode a laissé
liberté pleine et entière à tous ceux qui veulent faire une
étude plus approfondie des Ecritures, de consulter autant
qu'il est nécessaire, les sources grecques et hébraiques"

Le Concile n'a donc pas donné à la Vulgate une
valeur intrinsèque qu'elle n'avait pas auparavant, mais
il lui a conféré, nous dit Bellarmin, une certaine autorité extrinsèque provenant de la déclaration même de
l'Eglise, autorité que ne possèdent ni les autres versions,
ni le texte primitif lui-même, aussi personne ne doit-il
la rejeter „sous quelque prétexte que ce soit".

La connaissance de l'hébreu est nécessaire non-
seulement pour comprendre le texte primitif, mais encore pour découvrir le véritable sens de la Vulgate dans
les endroits obscurs et pour expliquer les nombreux
hébraismes[1]) qu'elle contient. Aussi voyons-nous, après
le Concile de Trente, les plus savants interprètes catholiques, Mariana, Ménochius, Tirin, Corneille de Lapierre,
dom Calmet, etc., étudier les textes originaux et les citer
dans les endroits où ils paraissent offrir plus de clarté.
Il est difficile de comprendre nos meilleurs commentateurs
si on n'a pas un peu étudié la langue hébraïque.

Dans tous les temps, l'Eglise a favorisé cette étude.

---

1) La Vulgate a pour auteur St Jérome qui a traduit de
l'hébreu la plupart des livres de l'A. T. et retouché le N. d'après
le texte grec. St Jérome avait traduit, il est vrai, tout le Psautier
sur le texte hébreu, mais sa version ne fut pas adoptée, parceque
le Psautier de l'ancienne Italique était depuis longtemps en usage
dans l'Eglise. — Les critiques protestants les plus habiles, Louis
de Dieu, Rosenmüller, Gesenius, etc., ont reconnu le mérite de
notre Vulgate; Walton l'a insérée dans sa Polyglotte.

On sait avec quels applaudissements elle accueillit les savants travaux d'Origène et de St Jérome. St Augustin va jusqu'à dire que la connaissance de l'hébreu et du grec est nécessaire pour l'intelligence des Ecritures. Le P. Morin, le P. Petau, Thomassin, Mabillon et tous nos grands théologiens ne pensaient pas autrement. Nous pourrions citer des canons des Conciles et des bulles des Souverains Pontifes qui recommandent l'étude de la langue sainte. Plusieurs fois les Papes se sont plaints qu'on la négligeât et ils ont mis tout en œuvre pour qu'on s'y adonnât dans les universités catholiques. Paul V fit un commandement exprès à tous les supérieurs d'ordres d'ériger chez eux des chaires pour l'enseignement des langues orientales. Léon X engagea lui-même Sanctès-Pagnin à faire une nouvelle traduction de toute l'Ecriture d'après le texte original. St Ignace voulait qu'on enseignât l'hébreu dans sa société et nous trouvons dans le *Directorium studiorum* les règles que doit suivre le professeur d'hébreu. Enfin depuis le Concile de Trente, Pie IV, Pie V, Sixte V et Grégoire XIV désignèrent des docteurs versés dans la connaissance des langues bibliques pour corriger la Vulgate qui parut sous Clément VIII telle que nous la lisons.

La connaissance de l'hébreu est encore de la plus grande utilité pour réfuter les Juifs, les Protestants et les Incrédules.

Les Juifs n'admettant pas la Vulgate, il faut donc leur démontrer, à l'exemple de Huet, de Witasse, etc. que les Prophéties, telles que les contient le texte hébreu, se sont accomplies dans la personne de J.-C. Depuis plus d'un siècle les Protestants et les Incrédules ont puisé dans la philologie des arguments pour attaquer nos dogmes. Nous devons les suivre sur le terrain où ils se sont placés. C'est en recourant ainsi aux originaux que

Bullet, Guénée, etc., ont triomphé de l'ignorance et de la fourberie de l'école voltairienne.

Les ecclésiastiques qui se sentent une aptitude spéciale pour l'étude de la langue sacrée doivent s'y appliquer avec zèle pour l'honneur de la sainte Eglise qui désire toujours compter dans son sein des hommes capables d'expliquer les textes originaux. Ils rencontreront, il est vrai, quelques difficultés au commencement, mais elles disparaîtront bien vite. Bonnetty affirme qu' „il est non-seulement possible, mais facile d'apprendre l'hébreu, seul, sans maître et avec l'unique secours des livres élémentaires“ et il ajoute qu' „un jeune homme, ayant déjà fait ses classes, peut apprendre à expliquer le texte sacré dans un an, en consacrant à cette étude une ou deux heures par jour“.

Première Partie.
Des signes élémentaires.

Chapitre Premier.
De la lecture de l'hébreu.

§. 1. Des lettres.

L'hébreu se lit en allant de droite à gauche. Les
Juifs n'écrivaient que les consonnes; les points-voyelles
furent ajoutés au texte par les Massorèthes (v. ci-dessus
p. 7). L'alphabet hébreu se compose de 23 lettres qui
servent aussi de chiffres.

Forme.	Nom.	Prononciation.	Valeur numérique.
א	Aleph.	ʼ légère aspiration.	1.
ב	Beth.	b.	2.
ג	Guimel.	g.	3.
ד	Daleth.	d.	4.
ה	Hé.	h.	5.
ו	Vav.	v.	6.
ז	Zaïn.	z.	7.
ח	Cheth (keth).	ḥ. forte aspiration.	8.
ט	Teth.	t.	9.
י	Iod.	y. (dans „yeux").	10.
כ Final ך	Caph.	k.	20.
ל	Lamed.	l.	30.
מ Final ם	Mem.	m.	40.
נ Final ן	Noun.	n.	50.
ס	Samek.	s.	60.

Forme.	Nom.	Prononciation.	Valeur numérique.
ע	Aïn.	ʿ aspiration spéciale.	70.
פ Final ף	Pé.	p. ou ph.	80.
צ Final ץ	Tsadé.	s. dur fortement articulé.	90.
ק	Quoph(koph).	q. k.	100.
ר	Resch.	r.	200.
שׂ	Sin.	s, ç.	300.
שׁ	Schin.	sch.	
ת	Thav.	th.	400.

Le ע est une aspiration fortement gutturale qu'on ne prononce pas, elle est particulière aux langues de l'Orient.

Cinq lettres changent de forme et de valeur numérique[1]) à la fin des mots et s'appellent alors lettres *finales:* ך ם ן ף ץ; elles sont contenues dans כַּמְנָפֵץ (kamnéphéṣ).[2])

Les lettres hébraïques sont *mobiles* c-à-d se font entendre dans la prononciation. Cependant quatre d'entre elles sont souvent muettes et s'appellent alors *quiescentes;* ce sont א ה ו י.

---

1) Les Juifs se servent des lettres pour exprimer les nombres. Les dix premières lettres de א à י, représentent les unités; de י à ק les dizaines; les autres lettres s'emploient pour les centaines. Le ש (sans point diacritique) signifie 300. Les Massorèthes expriment les nombres 500, 600, 700, 800, 900, par les lettres *finales,* mais les rabbins préfèrent ajouter à ת = 400, les autres lettres qui indiquent les centaines précédentes, ex. תר = 600. — Pour représenter les mille on reprend dans le même ordre les lettres de l'alphabet, mais alors elles sont surmontées de deux points, ex. בּ = 2000. — La lettre qui exprime le nombre le plus grand se place à droite, ex. תלו = 436.

Le nombre 15 ne s'exprime pas par יה, 10 + 5 (abbréviation du nom *ineffable* יהוה) mais par טו, 9 + 6.

2) Ces mots inventés par les Grammairiens sont appelés *voces memoriales* c-à-d mots qui font souvenir, qui aident la mémoire.

§. 2. Des Points-voyelles.

On compte cinq voyelles longues et cinq voyelles brèves. Chaque voyelle longue a sa voyelle brève correspondante, comme il suit.

Voyelles longues.

◌ָ	Quâmes (kâmes).	â	בָ	bâ
◌ֵ	Sêré.	ê	בֵ	bê
◌ִי	Chirek gadol (long).	î	בִי	bî
וֹ	Chôlem (kôlem).	ô	בוֹ	bô
וּ	Schourek.	oû	בוּ	boû

Voyelles breves.

◌ַ	Pathach.	a	בַ	ba
◌ֶ	Ségol.	é	בֶ	bé
◌ִ	Chirek quaton (bref).	i	בִ	bi
◌ָ	Quâmes-Chatouph.	o	בָ	bo
◌ֻ	Quibbous (kibbous).	ou	בֻ	bou

Les points-voyelles, comme on le voit, ne se prononcent qu'*après* la consonne que chacun d'eux affecte.

§. 3. Du Schewa.

Le Schewa est un double point qu'on place au dessous d'une consonne qui n'a point de voyelle, ex. בְּ. Il s'omet sous la dernière lettre d'un mot, ex. קָטַל (quâtal), mais il s'écrit toujours dans le Caph final, ex. מֶלֶךְ (mélek) et sous les autres consonnes quand l'avant-dernière a aussi un schewa, ex. אָמַרְתְּ, נֵרְדְּ.

Tantôt le Schewa a le son de notre e muet, ex. שְׁמוֹ (schemô): il s'appelle alors Schewa *mobile*, tantôt il ne se prononce pas et il est dit Schewa *quiescent*, ex. מַלְכָּה (malkâ).

1° Le Schewa est *mobile:* a) au commencement des mots, ex. בְּרָקִים (berâquym); b) après une voyelle longue qui n'est pas affectée de l'accent tonique, ex. קוֹטְלָה

(quôtelâ); c) après un autre Schewa, ex. יִקְטְלוּ (yiq-telou);
d) sous une lettre doublée par un Daguesch fort (§. 5)
ex. דִּבְּרוּ (dibberou); e) sous une lettre répétée, ex. הַלְלוּ
(halelou).

2º Le Scheva est *quiescent* toutes les fois que dans
le même mot il est immédiatement précédé d'une voyelle
brève, ex. אַבְנֵר ('Abnêr).

S'il se trouve après une voyelle brève sous une consonne doublée par un Daguesch, il se prononce, parceque
sans cela on ne pourrait pas entendre le redoublement —
ex. קִטְּלוּ (kittelou).

Nota. Le Scheva est encore quiescent à la fin des
mots, ex. לֵךְ (lêk), devant un autre Scheva, ex. יִפְקְדוּ (yiph-
quedou) et après une voyelle longue affectée de l'accent
tonique, ex. יָכֹלְתִּי (yâcôlthy).

§. 4. Du Schewa composé ou Chateph.

Le *Scheva composé* ou *Chateph* (rapide) se forme du
Scheva simple auquel on joint une des voyelles brèves
Pathach, Ségol ou Quâmes-Chatouph. On obtient ainsi
trois sortes de Chateph:

Le *Chateph-Pathach.* ־ֲ qui a le son de a très-bref,
ex. אֲשֶׁר ('ăscher).

Le *Chateph-Ségol.* ־ֱ qui a le son de é fermé et
bref, ex. אֱכֹל ('écôl).

Le *Chateph-Quâmes.* ־ֳ qui a le son de o très-bref,
ex. חֳלִי (hŏly).

Le Scheva composé se place surtout sous les gutturales (§. 7) pour en faciliter la prononciation.

§. 5. Du Daguesch et du Mappiq.

1º Le Daguesch est un point placé au milieu d'une
lettre: il se divise en *doux* et *fort.*

Le Daguesch *doux* ne se met que dans les six consonnes

ת פ כ ד ג ב, contenues dans בְּגַדְכְּפַת (begadkephath), pour ôter l'aspiration naturelle à ces lettres.[1])

Le Daguesch *fort* indique que la lettre qui en est affectée doit être doublée dans la prononciation, ex. קַטַּל (qouttal).

2⁰ Le Daguesch est *doux:* 1⁰ au commencement des mots, ex. דֶּרֶךְ (dérek), 2⁰ au milieu des mots, après un Schewa, ex. מַלְכִּי (malky).

3⁰ Le Daguesch est *fort* quand il est immédiatement précédé d'une voyelle brève, ex. דִּבֵּר (dibbêr).

Pour reconnaître si le Daguesch est doux ou fort, il suffit donc de se rappeler que le Daguesch doux est presque toujours précédé d'un Scheva et le Daguesch fort d'une voyelle brève. D'ailleurs le doute ne peut exister que pour les six lettres ת פ כ ד ג ב qui seules reçoivent les deux Daguesch.

4⁰ Les gutturales (§. 6) ne prennent jamais le Daguesch, le Resch et les lettres finales très-rarement.[2])

Nota. Une consonne dépourvue de voyelle se contracte souvent avec la lettre suivante qui alors prend un Daguesch fort. C'est ce qu'on appelle *assimilation*. Le Noun surtout aime à s'assimiler, ex. יִפֹּל (yippôl) pour יִנְפֹּל; יִקַּח (yiqqah) pour יִלְקַח.

5⁰ Le Mappiq est un point semblable au Daguesch mais qui ne se place que dans le ה final pour indiquer que cette lettre, ordinairement quiescente, doit alors se prononcer comme *h* aspiré, ex. אַרְצָהּ ('arsâh).

---

1) Les Juifs de l'Occident font entendre le Daguesch doux, ceux de l'Orient ne le font presque pas sentir: nous ne lui accordons aucune influence pour l'oreille, à l'exception du Pé que nous prononçons comme ph en cas d'aspiration.

2) Le Daguesch fort ne se met pas ordinairement dans les lettres affectées du Scheva, ainsi on ne le voit jamais avec לְ, rarement avec נְ מְ לְ, ex. וַיְהִי (vayehy) pour וַיִּהִי.

§. 6. De la distinction du Quâmeṣ (ā long) et du Quâmeṣ - Chatouph (ŏ bref).

Le même signe ⳤ sert à représenter a long et o bref (§. 2).

1⁰ Le ⳤ se prononce o *bref* quand il est suivi d'un Scheva ou d'un Daguesch, ex. עָרְפָּה (ʻorpâ), רֻנּוּ (ronnou) pour רָנְנוּ.

2⁰ Cependant le ⳤ doit se prononcer a *long* si l'on voit à sa gauche une petite ligne verticale appelée *Métheg*, ex. קָטְלָה (quâtelâ).

3⁰ Le ⳤ est encore o *bref* quand il est suivi d'un Chateph-Quâmeṣ. ex. נָעֳמִי (Noʻomî) ou d'un autre Quâmeṣ-Chatouph, ex. פָּעֳלְךָ (poʻolecâ). Le Métheg n'empêche pas dans ces deux derniers cas de donner au signe ⳤ le son de o bref.

Chapitre Second.

Des propriétés des lettres hébraïques.

Les lettres hébraïques se divisent en différentes classes, dont les principales sont les *gutturales* et les *quiescentes*.

§. 7. Des gutturales א ח ה ע (ר) contenues dans אַהַחַע (ʼahaḥaʻ).

1⁰ Les gutturales ne prennent pas le *Daguesch fort*. Pour le remplacer on allonge la voyelle précédente, ex. הָאָדָם (hâʼâdâm) pour הַאָדָם. — Cet allongement de la voyelle est ordinairement omis devant ה et ח, ex. מִהֵר (mahêr), נִחַם (niham).

2⁰ Elles prennent le *Scheva composé* au lieu du Scheva simple, ex. אֱכֹל (ʼecôl), הֲלֹא (halô).

2*

3⁰ Elles aiment à être précédées du son à. C'est pourquoi elles reçoivent souvent à la fin des mots un Pathach, appelé *Pathach-furtif* qui doit se prononcer *avant* la gutturale, ex. רוּחַ (rouah).

4⁰ Le Resch se rapproche des gutturales en ce qu'il ne prend pas ordinairement le Daguesch, ex. בֵּרֵךְ (bêrêk) pour בֵּרֵּךְ.

§. 8. Des quiescentes יורה, réunies dans אֶהֱוִי ('éhévi).

1⁰ Ces lettres sont *mobiles* quand elles sont affectées d'un Scheva ou d'une voyelle, ex. הָדַר (hâdar).

Quand elles n'ont rien au dessous d'elles, elles sont *quiescentes*. Ainsi, dans לֵאמֹר (lêmôr) l' א est quiescent en Sêré et le ו en Chôlem; dans הֵיטִיב (hêtyb) le premier י est quiescent en Sêré, le second י en Chirek.

2⁰ Les voyelles ont chacune leur quiescente *homogène* avec laquelle elles s'unissent de préférence. Les voyelles du son *a* sont homogènes de א, celles du son *e* et *i* de י; celles du son *o* et *ou* de ו.

Voyelles longues.

א	A	◌ָ	Quâmes.
י	E	◌ֵ	Sêré.
	I	◌ִי	Chirek gadol.
ו	O	וֹ	Chôlem.
	Ou	וּ	Schourek.

Voyelles brèves.

א	A	◌ַ	Pathach.
י	E	◌ֶ	Ségol.
	I	◌ִ	Chirek quaton.
ו	O	◌ָ	Quâmes-Chatouph.
	Ou	◌ֻ	Quibbous.

3⁰ La voyelle qui est accompagnée de sa quiescente homogène est dite *pleinement écrite*, ex. קָאם (quâm), בֵּין (bên). Si la quiescente est omise, la voyelle s'appelle *défectivement écrite*, ex. גֵּר (gâr), מֵת (mêth).

4⁰ Le Chôlem *défectivement écrit* se représente par un point placé sur la consonne avec laquelle il doit être prononcé, ou sur la consonne suivante, ex. דֹב (dôb) pour דוֹב; קֹש (quôsch) pour קוֹש.[1]

5⁰ Sur les lettres שׁ et שׂ, le même point sert quelquefois de Chôlem et de point diacritique, ex. שֹׂרֶק (sôreq), מֹשֵׁל (môschêl), פֹּשֶׂה (pôsé), שֹׁפֵט (schôphêt).[2]

6⁰ Pour ne pas confondre le Vav doublé וּ avec le Schourek וּ, il faut observer que le Vav doublé a toujours sous lui une voyelle ou un Scheva, tandisque le Schourek, voyelle lui-même, n'en a jamais, ex. צִוָּה (sivvâ), קָטוּל (quâtoul).

7⁰ L'Iod, privé de voyelle ou de Scheva est quiescent 1⁰ au milieu des mots, ex. בֵּיתְךָ (bêthekâ). 2⁰ à la fin des mots, s'il est précédé de *Chirek* ou de *Séré*, ex. דִּבְרֵי (dibrê); צָרִי (sâry). Dans tout autre cas il est mobile, ex. יָדַי (yâday), אֲדֹנָי (Adônây).

Nota. Les règles qui concernent les gutturales et les quiescentes sont d'une application fréquente dans les verbes irréguliers.

---

1) וּ est *ô* quand il est ni précédé ni suivi d'une autre voyelle, ex. לָשׁוֹן (lâschôn). וּ est *vô* quand il est immédiatement précédé d'une autre voyelle, ex. עָוֹן ('âvôn). וּ est *ôv* quand il a sous lui une autre voyelle, ex. לֹוֶה (lôvé).

2) שׂ se prononce *ôs* quand il a une autre voyelle que le Chôlem, ex. עֹשֶׂה ('ôsé), autrement il se prononce *schô*, ex. שֹׁמֵר (schômêr).

Chapitre Troisième.

Des Accents et de la Pause.

§. 9.   Des Accents.

Les accents s'emploient surtout comme *signes du ton*
et comme *signes de ponctuation.*[1])

1° Les accents indiquent presque toujours la syllabe
sur laquelle repose le *ton.*[2]) Tous les mots hébreux ont
un accent *tonique:* la plupart le reçoivent sur la dernière
syllabe, les autres sur l'avant-dernière. Dans le premier
cas les grammairiens appellent le mot accentué *Milra‘*
(מִלְרַע, chald. *d'en bas*), ex. מָלַךְ (mâlak); dans le second
cas *Mil‘el* (מִלְעֵל chald. *d'en haut*) ex. מֶלֶךְ (mélek).

2° Les accents considérés comme signes de *ponctuation* sont dits *conjonctifs* quand ils servent à déterminer
les rapports qui existent entre les parties du discours,
comme la concordance du substantif avec l'adjectif, etc.
Ils sont appelés *disjonctifs* quand ils sont employés pour
partager les phrases et les membres de phrases. Parmi
ces derniers nous citerons:

Le *Sillouq* (fin) — toujours suivi de deux gros
points (:) nommés *Sôph-pasouq*. Il équivaut à notre point
et se trouve à la fin de tous les versets de la Bible, ex.
הָאָרֶץ: (hâ'âres).

L'Athnach (respiration) — dans le milieu des versets qui sont toujours divisés en deux parties, ex. אֱלֹהִים
('élôhim).

Le *Merka-mahpach* — qui, ainsi que l'Athnach

---

1) A l'origine, ils servaient de *notes musicales* pour la récita-
tion modulée de la Bible dans les synagogues.

2) Nous avons indiqué la syllabe tonique dans cet ouvrage
par l'un ou l'autre de ces deux signes — —, quand nous l'avons
jugé nécessaire.

répond à nos deux points ou à notre point et virgule ex. רְשָׁעִים (reschâ'im). Il remplace souvent l'Athnach dans les livres poétiques.

Le *Rebia* —̇, qui annonce souvent le discours direct, ex. וְהָאָרֶץ (vehâ'âreṣ).

Le *Ségolta* —̈, qui se place à la fin des mots, ex. רְקִיעַ (râquîâ').

Le *Zaqueph-quaton* —̇, ex. וָבֹהוּ (vâbôhou); le *Zaqueph-gadol* —ǁ, ex. לְהַבְדִּיל (lehabdyl); le *Tiphcha* —̗, ex. בְּרֵאשִׁית (berêschyth). — Ces cinq derniers accents équivalent à notre virgule.

3° L'accent *euphonique*, appelé *Métheg* (frein) est une petite ligne verticale, placée à gauche d'une voyelle, pour qu'on s'y arrête en la prononçant. Nous avons vu (§. 6) qu'il sert à faire distinguer le Quâmeṣ du Quâmeṣ-Chatouph. — Quand un mot a deux accents le premier est euphonique et le second tonique; quand il n'en a qu'un, c'est toujours l'accent tonique.

Nota. Le *Makkeph*, ou trait d'union, enlève à tous les mots qui le précédent l'accent tonique qui peut alors seulement se trouver sur le mot final, ex. כָּל־בֵּית־יִשְׂרָאֵל (col bêth Yisrâ'êl).

§. 10.   De la Pause.

L'accent placé sur le dernier mot d'un verset (Sillouq) ou sur le mot du milieu d'un verset (Athnach) détermine une Pause. — La Pause produit les effets suivants:

1° Elle allonge les voyelles brèves, ex. קָטַל, à la pause קָטָל (quâtâl); מַיִם, à la pause מָיִם׃ (mâyim).

2° Si le mot placé à la Pause a l'accent sur la dernière syllabe et si cet accent est immédiatement précédé d'un Scheva mobile, ce Scheva se change en un Ségol qui attire à lui l'accent, ex. אִמֶּךָ ('immékâ) pour אִמְּךָ. — Mais si à la place du Scheva, le mot avait primitivement à la racine une voyelle qui a été élidée, le Scheva ne se changerait pas en Ségol mais la *voyelle élidée reparaîtrait* à la place du Scheva et deviendrait voyelle *longue*, ex. קָטְלוּ pour קָטְלוּ; יִקְטְלוּ pour יִקְטְלוּ.

Nota. Les accents toniques n'influent ordinairement sur les voyelles que lorsqu'ils sont *disjonctifs majeurs*. Les disjonctifs majeurs sont ceux que nous avons cités au §. 9 à l'exception du Rebia qui est mineur.

Chapitre Quatrième.

Des Syllabes.

§. 11. De la distinction des syllabes.

On distingue trois sortes de syllabes:

1⁰ Les syllabes *ouvertes* qui se terminent par une voyelle (ou une lettre quiescente) ex. לוֹ, לֹא (lô).

2⁰ Les syllabes *fermées* qui finissent par une consonne, ex. טַל (tal).

3⁰ Les syllabes *aiguës* qui se terminent par une consonne affectée d'un Daguesch fort, ex. קַטֵּל (quittêl).

La consonne qui a un Scheva mobile (et même composé) ne forme pas une syllabe proprement dite, mais elle est considérée comme *anacrouse*[1]) de la syllabe suivante. Ainsi dans יִתְקַטְּלוּ (yith-quat-tᵉlou) on compte trois syllabes: la première est fermée, la deuxième est aiguë et la troisième est ouverte avec anacrouse.

§. 12. Des voyelles relatives à chaque syllabe.

Les syllabes *ouvertes* ont des voyelles *longues* (on verra plusieurs exceptions §. 33, 4⁰ et §. 47) ex. בָּרָא (bârâ).

---

1) ἀνάκρουσις, action de ramener en arrière, reculement.

Les syllabes *fermées* ont des voyelles *brèves*, ex. עֶצֶב
('êseb). Cependant elles prennent des voyelles longues
quand elles sont syllabes *finales accentuées*, ex. קָטֵל, pour
קָטֵל: ce qui arrive souvent, car la plupart des mots
hébreux sont *Milra* (§. 9, 1°).

Les syllabes *aiguës* ont des voyelles *brèves*, ex. נִסָּה
(nissâ). On trouve rarement une voyelle longue dans
une syllabe aiguë accentuée, ex. אֵלֶּה ('êllé) et dans les
verbes עֵ֖ (§. 29, 5°).

§. 13. Des changements de voyelles.

Règle générale. La cause presque unique des changements de voyelles est le changement de place de l'accent
tonique.

a) Si par suite d'un allongement l'accent tonique
descend vers la fin du mot, les voyelles du commencement s'abrègent, afinque la voix puisse se
porter avec plus de force sur la syllabe accentuée, ex, קָטֵל, קְטַלְתֶּם (quetalthem).

b) Si au contraire l'accent remonte vers le commencement du mot, les voyelles de la fin s'abrègent,
ex. יָקֻם, וַיָּקָם (vayyâquom).

I. Les voyelles *longues* se changent en leurs voyelles
brèves correspondantes:

a) quand une syllabe fermée cesse d'être finale, ex.
יִקְטֹל. יִקְטָלְכֶם (yqtolekem).

b) quand une syllabe ouverte se change en une syllabe fermée, ex. סֵפֶר, סִפְרִי (siphry).

c) quand nne syllabe ouverte se change en syllabe
aiguë, ex. אֵם, אִמִּי ('immî); סֹב, סָבִּינָה (soubbénâ).

Nota. Le Ṣêré s'abrège presque toujours en Chirek
quaton, quelquefois en Ségol. Le Chôlem se change le

plus souvent en Quâmes-Chatouph; avec le Daguesch fort en Quibbous.

II. Les voyelles *brèves* se changent en leurs voyelles *longues* correspondantes:

    a) quand une syllabe fermée devient ouverte en perdant sa consonne finale qui se joint à une syllabe nouvelle, ex. הַר, הָרִים (hârym).

    b) quand une syllabe doit être aiguë c-à-d dagueschée et que la lettre qui doit être doublée ne peut recevoir le Daguesch, parceque c'est une gutturale, un Resch ou une lettre finale, ex. בֵּרַךְ pour בְּרַךְ.

    c) quand une voyelle brève se rencontre avec sa lettre quiescente *homogène* (§. 8, 2⁰) לֵאמֹר, לֶאֱמֹר; הוּשַׁב, הָרְשַׁב.

Nota. Le Chirek quaton s'allonge en Ṣêré et le Quibous en Chôlem ou en Schourek.

§. 14. De la formation des nouvelles voyelles et des nouvelles syllabes.

1⁰ On évite toujours d'avoir à prononcer *trois* consonnes avec une seule voyelle. Si le cas se présente, on ajoute une voyelle *auxiliaire* qui sert à former une nouvelle syllabe, ex. נַעַר pour נַעְר; יִגֶל pour יִגְל.

2⁰ Pour la même raison, deux Schevas ne doivent jamais se trouver de suite au commencement d'un mot.

    a) Le premier Schewa se change ordinairement en Chirek quaton, ex. נִקְטַל, pour נְקְטַל.

    b) Si le second Scheva est un Chateph, le premier Scheva se change en la voyelle qui entre dans la composition du Chateph, ex. לַעֲמֹד, pour לְעֲמֹד; בָּחֲלִי pour בְּחֲלִי; נֶעֱבַד pour נְעֱבַד.

    c) Le Chateph, devant le Scheva simple, se change

en la voyelle qui a servi à le former, ex. יַעֲמְדוּ
pour יַעֲמְדוּ; נֶאֶכְלוּ pour נֶאֶכְלָה; פָּעֲלָה pour פָּעֲלָה.[1])
3⁰ Très-souvent le Scheva simple se change en Quâmeṣ devant une syllabe accentuée, ex. לָמֹס pour לְמֹס; טוֹב וְרָע pour טוֹב וְרָע; לְבָטַח pour לָבֶטַח.

4⁰ Les accents peuvent aussi faire apparaître de nouvelles voyelles et de nouvelles syllabes (§. 10).

§. 15. De l'élision des voyelles.

1⁰ Si le mot reçoit un allongement commençant par une *voyelle*, l'accent tonique descend ordinairement sur cette voyelle. Alors pour faciliter la prononciation on élide la dernière voyelle appartenant à la racine et on la remplace par un Scheva, ainsi קָטַל devient קָטְלוּ; סֹפֵר devient סֹפְרִים. — Dans certaines formes des noms c'est l'*avant-dernière* voyelle qui disparaît. ainsi דָּבָר devient דְּבָרִים. — Cependant la voyelle *pleinement écrite* ne s'élide point et peut retenir l'accent tonique, ex. הִקְטִילָה.

2⁰ Les allongements qui commencent par une *consonne* ne font ordinairement disparaître aucune voyelle, ainsi de קָטַל on a קָטַלְתְּ, de יִקְטֹל on a תִּקְטֹלְנָה, de קְטַלְתֶּם on a קְטַלְתּוּנִי, etc.

---

1) Il ne faut pas regarder comme une exception à ces règles le cas où deux Schevas se trouvent de suite dans le *milieu* d'un mot, par ce qu'ils appartiennent à deux syllabes différentes, le premier des deux étant quiescent et l'autre mobile, ex. יִקְטְלוּ (yiq-telou).

Exercice de lecture.[1]

'ôr   yehy   :'âmârthâ   'ascher   schadday   'Êl

אֹור־   יְהִי   אָמַרְתָּ   אֲשֶׁר   שַׁדַּי   אֵל   I.

lumière   soit   dit   avez   qui   puissant-tout Dieu

'ênê   nâ   'âyrâ   'ôr-vayehy

עֵינָי   נָא   הָאִירָה־   II.   וַיְהִי־אֹור:

yeux les ,plait vous s'il ,éclairez .lumière été a et

hoschkâh   col   'eth   vehabryah   naphschy

חָשְׁכָּה: כָּל־   אֶת־   וְהַבְרִיחַ   נַפְשִׁי

.d'elle ténèbres les toutes chassez et :moi de l'âme de

mê'ôrehôthécâ   thitté   Pên

מֵאָרְחֹותֶיךָ   תִּטֶּה   פֶּן   III.

vous de voies des s'écarte elle qu' pas ne Pour

Ky   'âven   bâh   veyêrd

כִּי   IV.   אָוֶן: בָּה   וְיֵרְדְּ

que ce Par .l'iniquité elle en domine que et

thagguyah   'adônây   'atthâ   nêry

תַּגִּיהַ   אֲדֹנָי   אַתָּה   נֵירִי

éclairerez vous, Seigneur (êtes) vous moi de lumière la

bema'guelê   vethanhêny   'aschouray

בְּמַעְגְּלֵי   וְתַנְחֵנִי   אַשֻּׁרָי

de sentiers des dans moi conduirez vous et moi de pas les

bâ'âdâm   lô   becâ   kên-'al   sédék

בְאָדָם   לֹא   בְּךָ   עַל־כֵּן   V.   צֶדֶק:

l'homme dans non ,vous en pourquoi C'est .justice

'ânâv   thôschîa'   ky   bâtâhthy

עָנָו   תֹושִׁיעַ   כִּי   בָּטָחְתִּי

l'humble sauverez vous que ce par espéré j'ai

kerob-   Honnêny   bâk   hôsé

כְּרֹב־   חָנֵּנִי   VI.   חֹוסָה־בָּךְ:

de grandeur la selon moi de pitié Ayez .vous en confiant se

---

1) Nous exhortons les commençants à apprendre cette prière; elle renferme les principales difficultés de la prononciation.

hasdécâ	*vesâ*	*lecol*	*.hattóthây*
חַסְדֶּךָ	וְשָׂא	לְכָל־	חַטֹּאתָי׃
vous de bonté la	pardonnez et	les tous	moi de péchés.

'Ascheré	*há'ysch*	*nesouy*	
VII. אַשְׁרֵי	הָאִישׁ	נְשׂוּי	
Bienheureux	l'homme	pardonnée (est dont)	

pâscha'	*vehôy*	*'ascher*	*thahaschob*
פֶּשַׁע	וְהוֹי	אֲשֶׁר	תַּחֲשָׁב־
prévarication la	malheur et	qui à celui à	imputez vous

lô	*râscha'*	*'Élécâ*	*nâsâthy*	*naphschy*
לוֹ	רֶשַׁע׃	VIII. אֵלֶיךָ	נָשָׂאתִי	נַפְשִׁי
à lui	l'iniquité.	Vers vous	j'ai élevé	de l'âme moi

pedenná	*miccól*	*'avônóthéhá.*	*Meschóc*
פְּדֶנָּה	מִכֹּל	עֲוֹנוֹתֶיהָ׃	XI. מְשֹׁךְ
délivrez-la	de toutes	les inquités d'elle.	Etendez

'âléhá	*rahamécâ*	*vahasôc*
עָלֶיהָ	רַחֲמֶיךָ	וַחֲשֹׁךְ
sur elle	les miséricordes de vous	et ne permettez pas

'óthâh	*mêhatô*	*.lâc*	*Quavvô*
אוֹתָהּ	מֵחֲטֹא־	לָךְ׃	X. קַוֵּה
(qu') elle	péche	contre vous.	En attendant

quivvathecâ	*gô'alâh*	*ve'atthâ*	*lebad*
קַוַּתְךָ	גֹאֲלָהּ	וְאַתָּה	לְבַד
elle attend vous	rédempteur d'elle	et vous	seul (êtes)

.mahséhâ	*'al*	*thitthenâh*	*becaph*
מַחְסָהּ׃	XI. אַל	תִּתְּנֶנָּה	בְּכַף
le refuge d'elle.	Ne	livrez pas elle	dans la main

'óyebéhá	*ve'al*	*the'abbêd*	*po'olecâ*
אֹיְבֶיהָ	וְאַל	תְּאַבֵּד	פָּעֳלֶךָ
des ennemis d'elle	et ne	détruisez (pas)	l'ouvrage de vous

mê'oholáh	*beséthâh*	*'im Ky*	*.le'ôlâm*
מֵאָהֳלָהּ	בְּצֵאתָהּ	XII. כִּי־אָם	לְעוֹלָם :
d'elle demeure la de	d'elle sortie la à	Mais	.jamais à

'ascher	*haqquedôschym*	*bên*	*vesymâh*	*kâhénnâ*
אֲשֶׁר־	הַקְּדֹשִׁים	בֵּין־	וְשִׂימָה	קָחֶנָּה
qui	,saints les	parmi	et placez-la	recevez-la

.lá' ad	*yireschoukâ*
לָעַד :	יִרָשׁוּךָ
.toujours pour	vous posséderont

Explication.

I. 1° שַׁדַּי *schadday* le Daguesch du Daleth est fort parcequ'il vient après une voyelle brève (§. 5, 3°); l'Iod est mobile parceque, se trouvant à la fin d'un mot, il n'est précédé ni de Chirek ni de Ṣêré (§. 8. 7°). — 2° אָמְרָתְ *'âmârthâ*, l'Athnach, de même que le Métheg, empêche que le Quâmeṣ soit un Quâmeṣ-Chatouph (§. 6, 2°); le Scheva du Resch est quiescent parcequ'il vient après une voyelle longue affectée de l'accent tonique (§. 3, 2°, nota); le Daguesch du Thav est doux, parcequ'il est précédé d'un Scheva (§. 5, 2°.) — 3° וִהִי *yehy*, le Scheva du premier Iod est mobile, parcequ'il est au commencement d'un mot (§. 3, 1°); l'Iod final est quiescent, parcequ'il est précédé d'un Chirek (§. 8, 7°) — 4° אוֹר *'ôr*, le Vav est quiescent, parcequ'il l'est toujours avec le Chôlem.

II. 1° הָאִירָה *hâ'yrâ*, le dernier Hé est quiescent, parcequ'il l'est toujours à la fin des mots quand il n'est pas affecté du Mappiq. — 2° נָא *nâ*, l'Aleph est quiescent parcequ'il n'a ni voyelle ni Scheva (§. 8, 1°). — 3° עֵינֵר *'ênê*, les deux Iod sont quiescents, parcequ'ils sont précédés du Ṣêré (§. 8, 7°). — 4° וְהַבְּרִיחַ *vehabryah*, le Cheth a un Pathach-furtif (§. 7, 3°). — 5° אֶת־כָּל־

'eth-col, le Makkeph a fait disparaître l'accent tonique, (§. 9, nota), le Quâmeṣ du Caph est un Quâmeṣ-Chatouph parcequ'il est suivi du Scheva sous-entendu que ne prend pas le Lamed parcequ'il est lettre finale (§. 3). — 6⁰ חָשְׁכָּה *hoschcâh*, le Quâmeṣ du Cheth est un Quâmeṣ-Chatouph, parcequ'il est suivi d'un Scheva (§. 6. 1⁰); le Mappiq du Hé indique qu'il faut donner à cette lettre son aspiration naturelle (§. 5, 5⁰).

III. 1⁰ מֵאָרְחוֹתֶיךָ *mê'ôreḥôthécâ*. Le Scheva du Resch est mobile, parcequ'il est précédé d'une voyelle longue affectée, il est vrai, d'un accent, mais cet accent n'est que le Métheg et non l'accent tonique (§. 9, 3⁰); l'Iod est quiescent parcequ' étant au milieu du mot, il n'a ni voyelle, ni Scheva (§. 8, 1⁰). — 2⁰ וְיֵרְדְּ *veyêrd*, les Schevas du Resch et du Daleth sont quiescents: le premier, parcequ'il est précédé d'une voyelle longue affectée de l'accent tonique (§. 3, 2⁰, nota) et le second parcequ'il termine le mot (§. 3, id.).

IV. בְּמַעְגְּלֵי *bema'guelê*, des deux Schevas, celui du Aïn est quiescent et celui du Guimel mobile.

V. בֵּךְ *bâk*, le Sillouq empêche qu'on lise le Quâmeṣ, suivi du Scheva, comme Quâmeṣ-Chatouph (§. 6, 2⁰).

VI. חָנֵּנִי *honnény*, le Cheth a un Quâmeṣ-Chatouph parceque le Daguesch du Noun renferme implicitement un Scheva.

VIII. עֲוֹנוֹתֶיךָ *'avônôthéhá*, le premier וֹ, étant précédé d'un Scheva, forme lui seul une syllabe, et se prononce *vô*; le second, au contraire, n'est que le simple Chôlem, parceque le Noun qui précède n'a ni voyelle, ni Scheva (§. 8, 4⁰, note).

IX. 1⁰ מְשֹׁךְ *meschôc*, le point de la droite du Schin est diacritique, celui de la gauche est le Chôlem défectif (§. 8, 5⁰). — וַחֲשֹׂךְ *vaḥasôc*, le point du Sin sert tout à la fois et de point diacritique et de Chôlem (id.).

X. קֻוֹּה *quavvô*, le point du Vav est un Daguesch fort et non un Schourek, parcequ'il est affecté d'une autre voyelle (Chôlem); il en est de même de קַוְּתָךְ dont le Vav est affecté du Pathach (§. 8, 6⁰).

XI. פָּעֳלְךָ *po'olecâ*, la voyelle du Pé est un Quâmes-Chatouph, parcequ'elle est suivie d'un autre Quâmes-Chatouph (§. 6, 3⁰).

XII. מֵאָהֳלָה *mê'oholâh*, la voyelle de l'Aleph est un Quâmes-Chatouph parcequ'il est suivi du Chateph-Quâmes, et la présence du Métheg ne change pas cette règle grammaticale. (§. 6, 3⁰).

Seconde Partie.
Des différentes parties du discours.

———

Chapitre Premier.
Du Verbe.[1]

§. 16.   Des formes du Verbe.

En hébreu le verbe apparaît ordinairement sous sept
formes principales ou conjugaisons, savoir:

1	Kal	קָטַל
2	Niphal[2]	נִקְטַל
3	Piël	קִטֵּל
4	Poual	קֻטַּל
5	Hiphil	הִקְטִיל
6	Hophal	הָקְטַל
7	Hithpaël	הִתְקַטֵּל

a) *Kal* קַל veut dire *légère:* c'est le verbe simple
avant toute modification. — Les autres formes tirent
leur nom du verbe פָּעַל *il a fait*, qui servait autrefois
de paradigme ou exemple pour toutes les conjugaisons. Mais comme la seconde lettre de פָּעַל n'admet

———

1) Le verbe est regardé en hébreu comme la partie fonda-
mentale du discours.

2) Il serait plus régulier d'écrire Niph'al, Pi'ël, Pou'al, etc.,
mais nous préférons conserver les expressions adoptées jusqu'à
présent dans la plupart des grammaires et des dictionnaires.

ni Scheva simple ni Daguesch (§. 7) on emploie aujourd'hui le verbe קָטַל *il a tué*, régulier dans toutes les formes, tout en conservant à chaque conjugaison le nom qu'elle avait dans le paradigme primitif: נִפְעָל, פִּעֵל, etc.

b) *Niphal* se forme de Kal en préposant un Noun.

Piël prend un Daguesch fort dans la seconde lettre.

Poual double aussi la seconde lettre et prend généralement dans tous les temps la voyelle sourde Quibbous sous la première lettre et le Pathach sous la seconde.

Hiphil prend un Hé devant la première lettre et un Iod qu'on insère entre la 2e et la 3e.

Hophal se forme aussi en préposant un Hé. Le Quâmes-Chatouph sert presque toujours de 1re voyelle dans toute la conjugaison.

Hithpaël ne se distingue de Piël que par la syllabe הִתְ mise devant l'Infinitif.

c) *Kal* forme primitive, a généralement le sens *actif:* il a tué, quelquefois le sens intransitif.

Niphal qui était primitivement la forme réfléchie, a ordinairement le sens *passif: il a été tué.*

Piël a le sens *intensitif* ou *itératif: il a massacré, égorgé.*

Poual est la forme *passive* de Piël: *il a été massacré, égorgé.*

Hiphil a généralement le sens *causatif: il a fait tuer, il a ordonné de tuer,* etc.

Hophal est le passif d'Hiphil: *il a été engagé à faire tuer.*

Hithpaël est la forme *réfléchie: il s'est tué.*

Trois formes ont donc le sens passif: Niphal passif de Kal, Poual passif de Piël et Hophal passif de Hiphil.

La plupart des verbes ne reçoivent pas les sept formes: quelques uns même ne sont usités que dans Piël ou Hiphil ou Hithpaël (voir le dictionnaire).

§. 17. De la manière de conjuguer le verbe.

Il y a quatre modes en hébreu: l'*Indicatif*, l'*Impératif*, l'*Infinitif* et le *Participe*.

Il n'y a que deux temps: le *Prétérit*[1]) et le *Futur*.

Les verbes hébreux n'ont également que deux nombres, le *Singulier* et le *Pluriel*.

Ils ont trois personnes: la 2e et la 3e personnes ont chacune deux terminaisons dont l'une sert pour le Masculin et l'autre pour le Féminin. L'Impératif n'a que la 2e personne.

Les diverses inflexions produites dans les verbes par les modes, les temps, les personnes, etc., se font au moyen des lettres serviles que l'on place au commencement ou à la fin de la racine du verbe. On appelle *Préformantes* celles qu'on met au commencement, et *Afformantes* celles que l'on ajoute à la fin.

Les préformantes prennent le nom de *Caractéristiques*, quand elles servent à désigner certaines formes du verbe, comme le Noun de Niphal, le Hé de Hiphil, etc.

Il y a deux espèces d'afformantes. Les unes commencent par une *consonne*, ce sont: תָּ, תְּ, תִּי, תֶּם, תֶּן, נוּ, נָה; ces afformantes, excepté תֶּם et תֶּן, laissent l'accent tonique à la place qu'il occupe naturellement, aussi les voyelles du radical restent invariables. — Les autres commencent par une *voyelle*, ce sont; ה ָ, וּ, ִ ; ces dernières, attirant à elles l'accent tonique, changent en Scheva la voyelle de la dernière syllabe de la racine; la seule forme Hiphil souffre une exception (§. 15).

---

1) Il serait plus exact de dire: temps *parfait, imparfait,* ou mieux temps *complet, incomplet;* pour le participe, temps *continu.* Mais dans cet ouvrage tout à fait élémentaire, il est bon de conserver les termes admis jusqu'à présent dans les dictionnaires.

Les préformantes qui servent à désigner les personnes et les afformantes ne sont que les formes primitives plus ou moins altérées des pronoms personnels; elles sont les mêmes dans toutes les formes du verbe.

Nous diviserons ce chapitre en trois articles:

Art. I.   Du verbe régulier.
Art. II.   Des verbes gutturaux.
Art. III. Des verbes irréguliers.

Art. I. Du verbe régulier.

Explication du paradigme I. (קָטַל *tuer*).

§. 18.   Du Prétérit.

La 3ᵉ pers. sing. masc. du Prétérit de la forme Kal est la racine même du verbe.[1]) Dans tout verbe régulier, elle se compose de trois consonnes qu'on appelle *radicales*. Elle a un Quâmeṣ sous la 1ʳᵉ radicale et un Pathach sous la 2ᵉ: קָטַל. Les verbes intransitifs ont souvent un Ṣêré sous la 2ᵉ radicale, plus rarement un Chôlem, ex. כָּבֵד *être lourd;* גָּדֹל *être grand.*

Dans le paradigme, la 3ᵉ personne est placée la 1ʳᵉ parcequ'elle sert à former les autres. Celles-ci s'obtiennent en ajoutant les afformantes suivantes:

Sing.		*Plur.*	
הָ —	3ᵉ pers. fém.	ו	3ᵉ pers. masc. et fém.
תָּ	2ᵉ pers. masc.	תֶּם	2ᵉ pers. masc.
תְּ	2ᵉ pers. fém.	תֶּן	1ᵉ pers. fém.
תִּי	1ʳᵉ pers. de commun genre.	נוּ	1ʳᵉ pers. com.

---

1) Les verbes se trouvent dans le dictionnaire, non pas à l'Infinitif, mais à la 3ᵉ pers. sing. masc. du Prétérit Kal. Les lexicographes font une exception en écrivant à l'Infinitif les verbes Aïn-Vav (§. 30). Pour abréger, nous indiquerons toujours le sens du verbe par l'Infinitif français.

En ajoutant ces afformantes, on tient compte du §. 15;
c'est pourquoi devant הָ et וּ, la dernière voyelle de la
racine s'élide. — Dans les sept formes, on obtient les personnes du Prétérit de la même manière. Il y a cependant
deux exceptions: 1⁰ dans Hiphil, le Chirek gadol ne s'élide
pas devant les afformantes qui commencent par une
voyelle, parcequ'il est pleinement écrit (§. 15). 2⁰ les
voyelles longues des dernières syllabes de Piël, Hiphil
et Hithpaël s'abrègent devant les afformantes parceque
ces syllabes fermées cessent alors d'être finales (§. 13,
I. a) et contrairement à la règle, ces voyelles se changent
en Pathach. Le Ṣêré et le Chôlem s'abrègent dans la
forme Kal des verbes intransitifs. Devant une afformante
qui commence par une *consonne*, la voyelle de la dernière
syllabe de la racine est donc un *Pathach* dans les Prétérits
de *toutes* les formes.

§. 19.   De l'Infinitif et de l'Impératif.

Il y a deux Infinitifs: l'*Infinitif absolu* qui s'emploie
assez rarement, et l'*Infinitif construit*.

Dans toutes les formes, l'*Impératif* (qui manque dans
les formes passives Poual et Hophal) est semblable à l'Infinitif construit.[1)] On obtient les autres personnes en
ajoutant les afformantes suivantes: י —, 2ᵉ sing. fém.;
וּ, 2ᵉ plur. masc.; נָה, 2ᵉ plur. fém. — Le §. 15 trouve
ici son application, car une voyelle s'élide au sing. fém.
et au plur. masc. Il arrive alors que dans Kal, deux
Schevas se trouvent de suite au commencement d'un mot,
c'est pourquoi le premier Scheva se change en sa voyelle
auxiliaire (§. 14, 2⁰ a) קִטְלִי, קִטְלוּ pour קְטְלִי, קְטְלוּ.

---

1) La forme Hiphil n'offre pas une exception réelle à cette
règle: הַקְטֵל est une forme abrégée de הַקְטִיל qui reparaît dans la
2ᵉ pers. sing. fém. הַקְטִילִי.

§. 20. Du Futur et du Participe.

Le *Futur*, dans toutes les formes, ne diffère de l'Inf. construit, qu'en ce qu'il prend des préformantes et des afformantes:

	Sing.		Plur.	
	Afformantes.	Préformantes.	Afformantes.	Préformantes.
3. masc.		ִי	וּ (וּן)	ִי
3. fém.	ָה	ִתּ	נָה	ִתּ
2. masc.	ָתּ	ִתּ	וּ	ִתּ
2. fém. (ִין) ִי —	ִתּ	נָה	ִתּ
1. comm.		ִא		ִנ

Les personnes terminées par une voyelle prennent quelquefois (surtout à la Pause) un נ *paragogique*, ex: יִקְטְלוּן pour יִקְטְלוּ.

Toutes les préformantes du Futur ont par elles-mêmes un Scheva mobile qui doit se changer en Scheva composé sous la gutturale א (§. 7, 2°), Fut. Piël. יְקַטֵּל, אֲקַטֵּל.

Quand l'Inf. construit commence par une consonne qui n'a pas de voyelle, les préformantes prennent un Chirek (§. 14, 2° a), ex. Inf. קְטֹל; Fut. יִקְטֹל (voyez cependant §. 14, 2° b).

Quand les préformantes doivent être placées devant le ה, le ה disparaît et les préformantes le remplacent en prenant sa voyelle, ex. Fut. Hiphil יַקְטִיל pour יְהַקְטִיל.

Les afformantes du Futur se placent conformément au §. 15.

Le Participe dans toutes les formes (Kal et Niphal exceptés) n'est autre chose que l'Inf. construit auquel on prépose un מ. Cette préformante fait aussi disparaître le ה, en prenant sa voyelle: ex. Part. Hiphil מַקְטִיל pour מְהַקְטִיל.

Tous les Participes *passifs* (Niphal, Poual, Hophal) ont un Quâmeṣ à la dernière syllabe.

Kal a deux Participes dont l'un est actif et l'autre passif.

§. 21. Du Vav conversif et du Hé paragogique.

1⁰ On donne au Prétérit le sens du Futur et au Futur le sens du Prétérit en leur préposant un Vav, ex. וְקָטַל *il tuera*, וַיִּקְטֹל *il a tué*. Ce Vav s'appelle *conversif* parcequ'il renverse la signification de ces deux temps. Il a une double *ponctuation:* devant le Prétérit il reçoit un Scheva; devant le Futur, il prend un Pathach et est suivi d'un Daguesch fort. Presque toujours le Vav conversif renferme en même temps le sens copulatif (*et*). L'accent du Futur conversif remonte régulièrement sur l'avant-dernière syllabe, c'est pourquoi la dernière syllabe, si elle est fermée (§. 12), reçoit une voyelle brève.

Ex. יֹאמַר *il parlera* וַיֹּאמֶר *et il parla.*

יָמֹת *il mourra* וַיָּמָת *et il mourut.*

2⁰ Au Futur, la 1ʳᵉ pers. du sing. et la 1ʳᵉ pers. du plur., et à l'Impér. la 2ᵉ pers. sing. masc. sont quelquefois allongées de la finale הָ—. Ce Hé qu'on appelle *paragogique,*[1]) attirant à lui l'accent tonique, fait disparaître la dernière voyelle de la racine, à moins que cette voyelle soit pleinement écrite, comme dans Hiphil (§. 15), ex. אֶקְטְלָה pour אֶקְטֹל, mais יַקְטִיל fait יַקְטִילָה.

3⁰ On trouve, surtout dans la forme Hiphil, un Futur *abrégé* qu'on appelle *Futur apocopé:* il s'emploie souvent avec le Vav conversif (§. 33, 4⁰).

§. 22. Remarques particulières sur les formes du verbe.

1⁰ *De l'emploi du Daguesch fort dans les verbes.* — Piël, Poual et Hithpaël se reconnaissent à la présence du Daguesch fort dans leur *seconde* radicale. Niphal le prend dans la première radicale à l'Inf., à l'Impér. et au

---

1) *Paragoge* (augmentation) fig. de gramm. addition d'une lettre ou d'une syllabe à la fin d'un mot.

Futur pour compenser le נ qui s'assimile à la lettre suivante, ex. הִקָּטֵל pour הִנְקָטֵל.

2⁰ *De l'emploi des préformantes dans Hithpaël.* — Dans les verbes qui commencent par une des *sifflantes* שׁ שׂ שׁ ס צ ז (contenues dans זְסַצְשׂ), le ת de la préformante change de place avec la première radicale, ex. שָׁבַת, Hithp. יִשְׁתַּבֵּת et non הִתְשַׁבֵּת; il y a métathèse (transposition).

Si la 1ʳᵉ radicale est צ, le ת se change en ט, ex. צָדַק, Hithp. הִצְטַדֵּק. — Si la 1ʳᵉ radicale est ד, ט ou ת, le ת de la préformante s'assimile, ex. דִּבֵּר, Hithp. הִדַּבֵּר.

3⁰ *Du Futur des verbes intransitifs.* — Les verbes intransitifs qui ont au Prétérit un Şêré ou un Chôlem dans la dernière syllabe, prennent le plus souvent un Pathach au Futur Kal, ex. כָּבֵד Fut. יִכְבַּד; quelquefois ils ont deux terminaisons, l'une en Chôlem et l'autre en Pathach. [1])

Art. II.　Des verbes gutturaux.

Les verbes qui ont parmi leurs radicales une gutturale ou un Resch (§. 7) subissent certaines anomalies qui varient suivant que la gutturale est la 1ʳᵉ, la 2ᵉ ou la 3ᵉ radicale du verbe.

§. 23. Des verbes de la première gutturale.

Explication du paradigme II. (עָמַד *être debout*).

Quand la 1ʳᵉ radicale est une gutturale, les personnes dans lesquelles elle doit recevoir un Scheva deviennent irrégulières, parceque ce Scheva, d'après le §. 7, 2⁰, doit se changer en Chateph. Ce qui a lieu à l'Inf. constr., à l'Impér. et au Fut. Kal, au Prét. Niphal, dans tout Hiphil et Hophal.

---

1) C'est pourquoi les grammairiens traitent du *Futur O* et du *Futur A* qui sont tous les deux réguliers.

Au Fut. Kal, au Prét. Niphal et dans tout Hiphil où le Chirek de la préformante est sorti d'un Scheva mobile (יִקְטֹל est pour יְקְטֹל), on observe la règle donnée au §. 14, 2⁰ b.

La règle d'après laquelle les gutturales ne prennent pas le Daguesch s'applique à l'Inf. constr., à l'Impér. et au Fut. Niphal qui se forment d'après les §. 7, 1⁰ et §. 13, II b.

§. 24. Des verbes de la deuxième gutturale.

Explication du paradigme III. (זָעַק *crier* et בָּרַךְ *bénir*).

Ces verbes sont irréguliers dans Piël, Poual et Hithpaël, d'après le §. 7, 1⁰ et 4⁰. — Lorsque la 2ᵉ radicale est ח ou ה, la voyelle de la 1ʳᵉ radicale reste souvent brève, quand elle devrait être longue, pour compenser le Daguesch qui est omis, ex. שִׂחֵק (§. 7, 1⁰). La gutturale prend le Chateph-Pathach à la place du Scheva simple, ex. זַעֲקוּ, יִזְעֲקוּ. L'Impér. Kal. 2ᵉ pers. sing. fém. זַעֲקִי est conforme au §. 14, 2⁰ b. — Le Fut. et l'Impér. Kal se terminent presque toujours par un Pathach: יִזְעַק, זְעַק.

§. 25. Des verbes de la troisième gutturale.

Explication du paradigme IV. (שָׁלַח *envoyer*).

Il ne s'agit ici que des verbes dont la dernière radicale est ח et ע, car א et ה sont quiescents à la fin des mots et n'ont plus alors les propriétés des consonnes.

Conformément au §. 7, 3⁰, la 2ᵉ gutturale prend souvent un Pathach-furtif שָׁלוֹחַ, הִשְׁלִיחַ.

Quelquefois le Chôlem final se change en Pathach, ex. Impér. et Fut. Kal. שְׁלַח, יִשְׁלַח. Le Ṣêré final admet le Pathach-furtif: שֹׁלֵחַ, שֻׁלַּח, quelquefois aussi il se change en Pathach: שֻׁלַּח.

Partout où la 3e radicale doit avoir un Scheva simple la gutturale le conserve: שְׁלַחְתֶּם, שָׁלַחְתָּ. Excepté seulement à la 2e pers. sing. fém. du Prét. de toutes les formes où elle prend un Pathach auxiliaire: שָׁלַחַתְּ pour שָׁלַחְתְּ (§. 14, 1°).

Art. III.   Des verbes irréguliers.

Les verbes irréguliers sont de deux sortes: les uns *perdent* en se conjuguant quelqu'une de leurs radicales et se nomment *défectifs;* les autres comptent parmi leurs radicales une de quatre lettres *quiescentes* (§. 8) et sont appelés pour cette raison *quiescents.*

Pour désigner la lettre radicale qui dans tous ces verbes produit l'irrégularité, on se sert de l'ancien paradigme פָּעַל, en donnant à פ la valeur numérique de 1re radicale, à ע celle de 2e, et à ל celle de 3e. Ainsi on appelle verbes *défectifs-Pé* ceux qui perdent leur 1re radicale. On joint ensuite à l'une des trois lettres ל ע פ, la lettre sur laquelle se produit l'irrégularité, ainsi les verbes *Pé-Noun* sont ceux qui ont pour 1re radicale un נ, les verbes *Lamed-Hé* ceux qui ont pour 3e radicale un ה. — Nous diviserons cet article en trois sections:

Section I.   Des verbes irréguliers de la 1re radicale.
Section II.   Des verbes irréguliers de la 2e radicale.
Section III. Des verbes irréguliers de la 3e radicale.

Section I.   Des verbes irréguliers de la 1re radicale.

N. B. Dans chaque section nous traiterons d'abord des verbes *défectifs* et ensuite des verbes *quiescents.*

§. 26. Des verbes défectifs פ״ן (Pé-Noun).

Explication du paradigme V. (נָגַשׁ *s'approcher*).

Dans les verbes dont la 1ʳᵉ radicale est un נ, ce Noun disparaît quand, à cause de la préformante, il est privé de voyelle et il *s'assimile* à la consonne suivante, que l'on double par un Daguesch. Ce qui arrive au Fut. Kal, au Prétérit Niphal et dans tout Hiphil et Hophal.

Le נ se perd à l'Impér. et à l'Inf. constr. Kal par *aphérèse* ou simple retranchement sans aucune compensation.

L'Inf. constr. Kal prend souvent la terminaison feminine ת—ֶ, ou ת—ַ avec une gutturale, et le mot est Mil'el (§. 9, 1°), ex. נָגַשׁ, Inf. גֶּשֶׁת; נָגַע, Inf. גַּעַת.

Le Fut. et l'Impér. Kal sont souvent en Pathach: נַגַּשׁ, יִגַּשׁ.

Nota 1. Le verbe נָתַן *donner*, outre l'irrégularité des verbes פ״ן, assimile encore sa 3ᵉ radicale devant le ת, ex. Prét. Kal 2ᵉ pers. sing. masc. נָתַתָּ pour נָתַנְתָּ; Inf. constr. תֵּת pour תֶּנְת.[1])

Nota 2. Dans le verbe לָקַח *prendre*, le ל suit les mêmes règles que le נ des verbes פ״ן: Fut. Kal יִקַּח, Inf. constr. קַחַת, Fut. Hophal יֻקַּח, mais Niphal fait נִלְקַח.

Nota 3. On range encore parmi les verbes *défectifs Pé-Noun*, les verbes dans lesquels l'Iod suit les mêmes règles que le נ des verbes פ״ן. Ces verbes (*défectifs פ״י*) sont peu nombreux et ont le צ pour 2ᵉ radicale, ex. יָצַת *brûler* (Niphal נִצַּת, Hiphil הִצִּית); יָצַק *répandre;* יָצַע *faire son lit.*

---

1) נָתַן est donc à la fois défectif Pé-Noun et défectif Lamed-Noun. — Voir le tableau des Verbes irréguliers 7ᵉ colonne.

§. 27. Des verbes quiescents פֿא (Pé-Aleph).

Sans paradigme.

Les cinq verbes suivants ont pour 1re radicale un
א qui devient *quiescent* en Chôlem au Fut. Kal: אָמַר *dire*
אָכַל *manger*, אָבַד *périr*, אָבָה *vouloir*, אָפָה *cuire*.

Ces verbes ont le plus souvent le Fut. Kal terminé
en Ṣêré, quelquefois en Pathach, ex.

Sing.		*Plur.*
(יֹאמַר) יֹאמֵר		יֹאמְרוּ
תֹּאמֵר		תֹּאמַרְנָה
תֹּאמֵר		תֹּאמְרוּ
תֹּאמְרִי		תֹּאמַרְנָה
(אֹמַר) אֹמֵר		נֹאמֵר

A la 1re pers. sing. où deux א se rencontrent, le
premier disparaît, on écrit אֹמֵר et non pas אֹאמֵר. —
Les autres temps se conjuguent comme ceux des verbes
de la 1re gutturale.

§. 28. Des verbes quiescents פֿי (Pé-Iod).

Dans quelques uns de ces verbes, l'Iod appartient
à la racine même; dans d'autres, il remplace un Vav
primitif.

I. Première classe des verbes quiescents Pé-Iod.
(Iod primitif.)

Sans paradigme.

L'Iod de la racine est *quiescent* en la voyelle de
la préformante (§. 13, II c) au Fut. Kal et dans tout
Hiphil, ex. יָטַב *être bon*, Fut. Kal יִיטַב, Prét. Hiphil
הֵיטִיב, Fut. Hiphil יֵיטִיב. Les autres temps sont sem-

blables à ceux des verbes où le Iod remplace un Vav primitif. Le Futur Kal se termine ordinairement en Pathach. — Ainsi se conjugnent יָשַׁר *être droit*, יָנַק *sucer*, יָלַל *se lamenter*, יָקַץ *se réveiller*.

II. Seconde classe des verbes quiescents Pé-Iod.
(Vav primitif.)

Explication du paradigme VI. (יָשַׁב *être assis*).

Dans ces verbes le *Vav primitif*[1]) reparaît à la place de l'Iod dans Niphal, Hiphil et Hophal. C'est pourquoi les préformantes de ces trois formes ne reçoivent pas la voyelle auxiliaire ordinaire, mais elles la remplacent par la voyelle *homogène* du Vav (§. 8, 2°). Ainsi Niphal et Hiphil prennent un Chôlem en qui le Vav est quiescent, mais Hophal reçoit un Schourek, ex. Prét. Kal יָשַׁב, Niph. נוֹשַׁב, Hiph. הוֹשִׁיב, Hoph. הוּשַׁב. — L'Inf., l'Impér. et le Fut. Niph. se conjuguent régulièrement comme si le verbe était וְשַׁב et non pas יָשַׁב.

Au Fut. Kal, l'Iod de la racine est complétement omis. C'est pourquoi la préformante forme une syllabe ouverte et le Chirek s'allonge en Ṣêré: יֵשֵׁב.

L'Inf. constr. et l'Impératif se forment de la même manière que celui des verbes פ׳׳ן (§. 26) ex. שֶׁבֶת; יָדַע *connaître*, Inf. constr. דֵּעַת. — Ces verbes ont le plus souvent le Fut. et l'Impér. Kal. en Ṣêré.

Nota. Le verbe הָלַךְ *aller* avait pour forme primitive יָלַךְ, c'est pourquoi à l'exception du Prét., Part. et Inf. abs. Kal., les formes les plus usitées sont dérivées de יָלַךְ, ex. Kal. Inf. constr. לֶכֶת, Impér. לֵךְ, Fut. יֵלֵךְ, Prét. Hiph. הוֹלִיךְ.

____

1) L'hébreu n'admet pas le Vav au commencement des mots, mais l'origine Pé-Vav de ces verbes nous est connue par les langues congénères.

Section II. Des verbes irréguliers de la 2e radicale.

§. 29. Des verbes défectifs עע (Aïn-Aïn).

Explication du paradigme VII. (סַב *entourer*).

Les verbes עע sont ceux dans lesquels la 2e et la 3e radicale étaient primitivement la même lettre, ex. סַב pour סָבַב. Ces verbes, autant que possible, *assimilent* la 2e radicale à la 3e.

1° La 2e radicale ne s'assimile pas quand les voyelles ne peuvent s'élider, c-à-d à l'Inf. abs. et au Part. Kal. et dans les formes *Pôël*, *Pôal* et *Hithpôël* (voyez ci-après 6°). Ailleurs la lettre double ne s'écrit qu'une fois et prend uu Daguesch, ce qui rend la racine du verbe monosyllabe. Mais comme le Daguesch ne peut s'écrire dans une consonne finale (§. 5, 4°), il n'apparaît qu'autant que la racine est munie d'uue afformante, ex. Kal 3e pers. sing. masc. סַב, 3e fém. סַבָּה. [1])

2° La racine ainsi devenue monosyllabe prend partout la voyelle que la même forme du verbe régulier reçoit sous la *dernière* syllabe de la racine, ex: סַב (סָבַב) Impér. סֹב (סְבֹב). Sont exceptés l'Inf. constr. et le Fut. Niphal, dans lesquels le Pathach remplace le Ṣêré: הַסַב pour הִסָּבֵב.

3° Les préformantes de la racine monosyllabe prennent des voyelles *longues* (et au Prét. Niph. et au Fut. Kal un Quâmes) parceque les syllabes sont ouvertes: Fut. Kal יָסֹב, Niph. נָסַב, Hiphil הֵסַב, Hoph. הוּסַב.

4° Dans toutes les formes dans lesquelles l'afformante commence par une consonne, si on doublait par un

---

1) Quelquefois on double la 1re radicale au lieu de la 2e. ex. Fut, Kal. יִסֹב, יִסְבוּ, Hiphil הֵסֵב, Hophal הֵסַב. (Voir paradigme VII.)

Daguesch la 2e lettre de la racine monosyllabe, on aurait *trois* consonnes appartenant à une seule voyelle, ce qui est contraire au §. 14, 1°. C'est pourquoi on intercale devant les afformantes qui commencent par une consonne une voyelle auxiliaire qui est un Chôlem plein au Prét. et un Ségol avec un Iod quiescent ◌ֵי au Fut. et Impér., ex. סַבּוֹת et תִּסְבֶּינָה.

5° A l'Impér. et Fut. Kal (Impér. 2e pers. plur. fém. סְבֶינָה, Fut. 2e et 3e pers. plur. fém. תִּסְבֶּינָה) et dans Hiphil (Prét. 3e sing. m. הֵסֵב, 2e masc. הֲסִבּוֹתָ, etc.) Fut. יָסֵב, 2e et 3e plur. fém. תִּסְבֶּינָה), les voyelles *s'abrègent* parceque l'accent passe sur la voyelle auxiliaire. — Mais contrairement à la règle (§. 15, 1°) les afformantes ◌ָה, ◌ּ, ◌ִי, n'attirent pas à elles l'accent; c'est pourquoi dans Hiphil la voyelle reste longue devant elles, ex. Prét. 3e sing. fém. הֵסֵבָּה, 3e plur. masc. הֵסֵבּוּ.

6° Dans Piël, Poual et Hithpaël, si la 2e radicale était doublée par un Daguesch, elle serait répétée *trois* fois: סַבֵּב serait mis pour סִבְבֵב. C'est pourquoi on n'écrit que deux fois la 2e radicale et on omet le Daguesch. La 1re syllabe de la racine restant ouverte prend une voyelle longue qui, contrairement à la règle, est un Chôlem. On obtient ainsi les formes *Póël*, *Pôal* et *Hithpóël* qui se conjuguent régulièrement: סוֹבֵב, סוֹבַב, הִסְתּוֹבֵב (§. 22. 2°).

Quelques verbes de cette classe doublent leur racine monosyllabe et ont ainsi les formes *Pilpel* et *Hithpalpel*, ex. גִּלְגֵּל *rouler*; Hithpaël הִתְגַּלְגֵּל *se rouler*, de la racine גָּלַל.

§. 30. Des verbes quiescents ע"ו (Aïn-Vav).

Explication du paradigme VIII A. (קוּם *se lever*).

Cette classe renferme les verbes qui semblent avoir eu primitivement pour 2e radicale un Vav.

Ce Vav est omis ou remplacé par וֹ ou וּ. — Pour faire mieux comprendre les nombreuses irrégularités de ces verbes, nous allons les comparer avec les verbes précédents Aïn-Aïn.

I. Le paradigme קוּם [1]) a de *commun* avec le verbe סַב:

1° que la racine est bilitère et monosyllabe.

2° que les préformantes ont des voyelles longues et au Fut. Kal et Prét. Niphal un Quâmes (très-rarement un Sêré).

3° que Piël, Poual et Hithpaël sont remplacés par les formes *Pôlel, Pôlal* et *Hithpôlel:* קוֹמֵם, קוֹמַם, הִתְקוֹמֵם, qui correspondent aux formes Pôël, Pôal et Hithpôël des verbes Aïn-Aïn.

4° qu'on insère la voyelle auxiliaire וֹ au Prét. et וֹ‑ au Fut. devant les afformantes qui commencent par une consonne (cependant seulement au Fut. Kal. et au Prét. Niphal et Hiphil et non pas au Prét. Kal ni au Fut. Niphal et Hiphil, ni dans tout Hophal). — Devant l'afformante נָה, au Fut. Niph., וֹ se change en ‑ָ et au Fut. Hiphil וֹ‑ en ‑ֶ, ex. תְּקוֹמֶינָה, תָּקֹמְנָה.

II. Le paradigme קוּם *diffère* de סַב: en ce que la racine monosyllabe prend la ponctuation suivante:

Le Prét. Kal a un Quâmes. Dans les intransitifs il a aussi un Sêré et un Chôlem, ex. קָם, מֵת, אוֹר.

L'Impér., l'Inf., le Fut. et le Part. pass. Kal ont un Chôlem ou un Schourek, ex. Impér. et Inf. קוּם, בּוֹא, Fut. יָקוּם, יָבוֹא, Part. pass. קוּם.

Le Fut. conversif Kal a un Quâmes-Chatouph, rarement un Quibbous, וַיָּקָם, וַיָּקֻם.

Le Part. act. Kal a un Quâmes; dans les intransitifs, il a aussi un Sêré, ex. קָם, מֵת.

---

1) Les verbes Aïn-Vav sont toujours cités à l'Inf. pour mieux les distinguer des verbes Aïn-Aïn.

Tout Niphal a un Chôlem qui se change en Schourek quand il perd l'accent: Prét. נָקוֹם, נְקוּמוֹתָ, Fut. יִקּוֹם.

Hiphil conserve le Chirek gadol: Prét. הֵקִים, Fut. יָקִים, Fut. apoc. יָקֵם, וַיָּקֶם.

Nota. Tous les verbes qui ont un Vav pour 2ᵉ radicale ne sont pas irréguliers, car dans quelques uns le Vav reste consonne; ce sont surtout ceux qui ont un Hé pour dernière radicale, ex. צָוָה, Pi. צִוָּה *commander;* קָוָה, Pi. קִוָּה *attendre;* גָּוַע *mourir,* Fut. יִגְוַע.

§. 31. Des verbes quiescents ע״י (Aïn-Iod).

Explication du paradigme VIII B. (בִּין *comprendre*).

Quelques verbes de la classe précédente, outre les formes que nous avons signalées, ont encore une autre manière de se conjuguer. Ils prennent un Chirek gadol dans tout Kal (excepté le Part.). D'où leur nom Aïn-Iod. Du reste, ils ne diffèrent des verbes Aïn-Vav qu'en ce que la voyelle auxiliaire וֹ est aussi insérée dans Kal devant les afformantes qui commencent par une consonne, si cette forme prend le Chirek gadol, mais on n'insère point le וֹ si la forme Kal est ponctuée avec le Pathach, ex. בְּנוֹתָ, בִּינוֹתֶם, mais בַּנְתָּ, בַּנְתֶּם.

Section III. Des verbes irréguliers de la 3ᵉ radicale.

§. 32. Des verbes quiescents ל״א (Lamed-Aleph).

Explication du paradigme IX. (מָצָא *trouver*).

Dans ces verbes, l'א disparaît quelquefois entièrement, ex. מָצָתִי, mais il est plus souvent quiescent.

1⁰ L'א, lorsqu'il n'est suivi d'aucune afformante, est toujours quiescent et il allonge la voyelle qui le précède (syllabe ouverte §. 11 et 12). Si cette voyelle devait être un Pathach, elle se change en Quâmeṣ, ce qui a lieu au Prét., à l'Impér. et au Fut. Kal, au Prét. Niphal et dans tout Poual et Hophal.

2⁰ Lorsque les afformantes commencent par une *voyelle*, l'א reste mobile, et le verbe ne présente alors aucune irrégularité, ex. מְצָאוּ.

3⁰ Lorsque les afformantes commencent par une *consonne*, l'א est quiescent au Prét. en Ṣêré (excepté au Prét. Kal qui a un Quâmeṣ); au Fut. et Imp. en Ségol, ex. תִּמְצֶאנָה, נִמְצֵאתָ, מָצָאתָ.

La forme Hophal prend un Quibbouṣ sous ses préformantes.

§. 33.   Des verbes quiescents לה (Lamed-Hé).

Explication du paradigme X. (גָּלָה *révéler*).

Ces verbes semblent avoir eu primitivement un Iod à la place du Hé.

1⁰ Toutes les fois que le ה n'est point suivi d'une afformante il est *quiescent* en Quâmes dans tous les Prét., en Ségol dans les Fut. et Part. actifs, en Ṣêré dans les Impér., en Chôlem dans les Inf. absolus, ceux d'Hiphil et d'Hophal exceptés. — Le Part. passif Kal fait exception à cette règle, car l'Iod primitif s'y conserve: גָּלוּי pour גָּלוּה.

2⁰ Devant les afformantes qui commencent par une *consonne* l'Iod primitif reparaît toujours précédé d'une voyelle *homogène* (§. 8, 2⁰). Ainsi il est quiescent en Chirek au Prét. Kal, en Ṣêré au Prét. des autres formes et en Ségol au Fut. et à l'Impér.

3⁰ Le ה disparaît devant les afformantes וּ et ־ִי, excepté à la 3e pers. sing. fém. où il se change en ת; גָּלְתָה au lieu de גָּלְהָה.

L'Inf. constr. de toutes les formes prend la terminaison וֹת, qui paraît être mise pour ־ָת, גְּלוֹת pour גְּלֹת (§. 26).

Dans toutes les formes, ces verbes ont le *Futur apocopé* qu'on obtient en retranchant le ה et son Ségol, ex. Niphal יִגָּל pour יִגָּלֶה, Piël יְגַל pour יְגַלֶּה. Mais par suite de ce retranchement, on obtient dans Kal et Hiphil des formes qui n'ont qu'une voyelle pour *trois* consonnes, ex. יִגְלֶה apoc. יִגֶל; Hiph. יַגְלֶה apoc. יַגֶל. C'est pourquoi on place une voyelle auxiliaire sous la racine pour former une nouvelle syllabe (§. 14, 1º). Cette voyelle est ordinairement le Ségol: si la racine a une gutturale, c'est presque toujours le Pathach; si l'Iod est la dernière lettre, un Chirek homogène de l'Iod; si le Vav termine le mot, un Schourek homogène du Vav; si la lettre finale est un Aleph, le Scheva reste (car א étant quiescent à la fin des mots, il n'y a plus trois consonnes pour une seule voyelle), ex. יִגֶל Fut. Kal. de גָּלָה; רָאָה de יַרְא; הָוָה de יְהוּ; עָשָׂה de יַעַשׂ; שָׁעָה de יֵשַׁע.

Le Fut. apoc. Hiphil change le Pathach de la préformante en Ségol, ex. יֶגֶל; mais le verbe עָלָה fait יַעַל, à cause de la gutturale.

5º L'Impér. apoc. se forme de la même manière (surtout dans Hiphil), ex. הֶרֶף (pour הַרְף) de הַרְפֵּה du verbe רָפָה; הַעַל pour הַעֲלֵה.

Nota 1. Les verbes הָיָה *être* et חָיָה *vivre* ont pour Fut. apoc. יְהִי et יְחִי.

Nota 2. Trois verbes נָאָה *être beau*. טָחָה *tendre* et surtout שָׁחָה *s'incliner*, prennent à la place de Piël la forme Pilel et à la place d'Hithpaël la forme Hithpalel, dans lesquelles ils doublent leur dernière radicale, de telle sorte cependant que le 1er Hé se change en Vav (dans ces verbes le Hé était primitivement un Vav), ex. הִשְׁתַּחֲוָה, Fut. יִשְׁתַּחֲוָה apoc. יִשְׁתַּחוּ *il s'est incliné*.

4*

§. 34.   Observations générales sur les verbes irréguliers.

1º Quelques verbes, à cause de la nature de leurs radicales, ont en même temps deux ou trois irrégularités, ainsi נָבָה est en même temps défectif Pé-Noun et quiescent Lamed-Hé. C'est pourquoi il ne reste quelquefois de toute la racine que le Caph.: Fut. Hiphil יַכֶּה apoc. וַיַּךְ.

2º Certains verbes, surtout ceux dont la racine est monosyllabe, se conjuguent souvent d'après plusieurs paradigmes, ex. נוּד, נָדַד, נָדָה *fuir;* פָּרַר, פּוּר *briser;* פָּרָה, פָּרָא *être fécond.*

§. 35.   De la manière de distinguer entre elles les racines monosyllabes des verbes.

Quand après avoir retranché les préformantes et les afformantes, il ne reste que *deux* consonnes, le verbe est ou פּ̈ן, ou פּ̈י, ou עּ̈ע, ou עּ̈ו, où עּ̈י, ou לּ̈ה.

Les verbes פּ̈ן se reconnaissent à la présence du Daguesch fort dans la 1re consonne. Il faut donc préposer un נ aux deux radicales pour trouver le verbe dans le dictionnaire. Si on ne le trouve pas à la lettre נ, il faut chercher à la lettre י, car le verbe peut être un des verbes פּ̈י qui se conjuguent comme les פּ̈ן (§. 26, nota 3).

Les verbes פּ̈י ont une racine monosyllabe à l'Inf., à l'Impér., au Fut. Kal et Hiphil. Ces formes se reconnaissent facilement à leur ponctuation. L'Inf. finit en ת—. Il faut seulement éviter de les confondre avec les verbes פּ̈ן.

Les verbes עּ̈ע peuvent facilement être confondus

avec les verbes פ״י et פ״ן, à l'Impér. et au Fut. seulement. Mais on les reconnaît à la ponctuation du Chôlem et au Quâmeṣ placé sous la préformante. Ils peuvent aussi être confondus avec les verbes ע״ו: cependant ils en diffèrent par le Daguesch fort et par la ponctuation, puisque le Schourek et le Chôlem sont particuliers aux verbes ע״ו.

Les verbes ע״ו et ע״י peuvent seulement être confondus avec les verbes ע״ע (§. 30).

Les verbes ל״ה peuvent seulement susciter quelque doute au Futur apocopé. Mais ce Futur se reconnaît à la voyelle de la préformante qui est ici un Chirek quaton ou un Pathach dans une syllabe ouverte.

Chapitre Second.

Du Pronom.

§. 36. Du Pronom personnel (et possessif).

Paradigme XII.

Le pronom personnel est un mot isolé et distinct de tout autre (*pronom isolé*), ou bien il s'ajoute au verbe, au nom et quelquefois même aux particules (*pronom suffixe*).

Le pronom *isolé* exprime le Nominatif, ex. אֲנִי *je,* אַתָּה *tu.*

Le *suffixe du nom* désigne le Génitif du pronom, ou ce qui est la même chose, le pronom possessif, ex. אָב *père,* אָבִי *père de moi, mon père.*

Le *suffixe du verbe* exprime l'objet ou l'Accusatif, ex. פָּקַד *il a visité,* פְּקָדוֹ *il a visité lui, il l'a visité.*

On observera au paradigme que le suffixe du nom

diffère très-peu du suffixe du verbe et seulement à la 1re personne.

§. 37.   Du verbe avec les suffixes.

Paradigme XIII.

1° *Formes du verbe qui prennent les suffixes.* — Ce sont les formes *actives* Kal, Piël et Hiphil.

Les trois formes *passives* Niphal, Poual et Hophal ne les reçoivent pas, sauf de très rares exceptions. La forme réfléchie Hithpaël ne les reçoit jamais.

2° *Changements que subissent les verbes pour recevoir les suffixes.*

A. Dans les *consonnes* le Prét. se change ainsi: קָטַל, קָטְלָת, קָטַלְתָּ, קָטַלְתְּ, קָטַלְתִּי, קָטְלוּ, קְטַלְתּוּ, קְטַלְתּוּ, קְטַלְנוּ. A l'Impér. et au Fut. les personnes plur. fém. en נָה prennent la terminaison masc. en וּ, ex. קְטְלוּ au lieu de קְטֹלְנָה; תִּקְטְלוּ au lieu de תִּקְטֹלְנָה.

B. Dans les *voyelles:* a) Au Prét. Kal le — de la 1re radicale se change en Schewa; l'accent étant reporté vers la fin du mot, le mot doit s'abréger vers le commencement (§. 13). Sous la 2e consonne il y a un — ou un —. L'Inf. constr. et l'Impér. prennent un Quâmes-Chatouph sous la 1re consonne et un Schewa sous la 2e, ex. קְטֹל, קָטְלִי. Le Futur change son Chôlem en Scheva, ex. תִּקְטְלֵנִי.

    b) dans Piël le Ṣêré de la 2e radicale se change en Scheva: קַטְּל.

    c) Hiphil ne subit pas de changements de voyelles.

3° *Manière de joindre les suffixes aux verbes.* — a) Si le verbe se termine par une *voyelle*, on ajoute simplement le suffixe, ex. קְטַלְתִּיכֶם, קְטָלוּנִי. b) Si le verbe se termine par une *consonne*, on joint le suffixe par le moyen d'une voyelle qu'on appelle *point d'agglutination.* Cette voyelle est — ou — au Prét., — ou — au Fut. et à l'Impér., ex. קָטְלֵנִי, יִקְטְלֵנִי.[1])

Nota. Dans les verbes quiescents לְ"הׁ, le ה final disparaît devant les suffixes, עֲנֵנִי de עָנָה.

§. 38. Du Pronom démonstratif.

Les pronoms démonstratifs sont:

Sing.
- masc. זֶה et avec l'Article הַזֶּה (הַלָּזֶה) *celui-ci, celui-là.*
- fém. זֹאת, זֹה, זוֹ et avec l'Article הַלֵּזוּ *celle-ci, celle-là.*
- com. זוּ et avec l'Article הַלָּז *celui-ci, celle-ci, celui-là, celle-là.*

Plur. com. אֵל, אֵלֶּה et avec l'Article הָאֵל, הָאֵלֶּה, *ceux-ci, celles-ci, etc.*

Nota. L'Article s'emploie quelquefois pour le pronom démonstratif (§. 68).

§. 39. Du Pronom interrogatif.

Le pronom interrogatif est מִי *qui?* qui se dit des personnes, et מָה *quoi?* qui ne se dit que des choses. Au lieu de מָה on écrit 1° מֶה devant un mot qui commence par הָ, ou חָ ou עָ, ex. מֶה עָשִׂיתָ *qu'as-tu fait?* 2° מַה devant un Makkeph suivi du Daguesch euphonique, ex. מַה־שְּׁמוֹ *quel est son nom?* — Quelquefois מָה se joint au mot suivant, et alors le ה s'assimile à la lettre initiale de ce mot, ex. מַזֶּה pour מַה־זֶּה, *qu'est ce que cela?*

---

1) On insère assez souvent au Fut. et à l'Impératif entre le verbe et le suffixe un Noun, appelé *Noun épenthétique.* Ce Noun s'assimile la lettre suivante représentée alors par un Daguesch, ex. יִקְטְלֶנּוּ pour יִקְטְלֵהוּ. (Paradig. XII 3e colonne.) Epenthèse fig. de gramm. qui consiste à insérer un lettre ou une syllabe au milieu d'un mot.

§. 40. Du pronom relatif.

Le pronom relatif est la particule אֲשֶׁר *qui, que,
lequel, laquelle, lesquels, lesquelles, etc. etc.*, qui reste toujours invariable et s'emploie pour tous les genres et tous
les nombres. Quelquefois l'א disparaît et le ר s'assimile
à la lettre suivante, ex. שֶׁיִּהְיוּ *qui seront.*

Chapitre Troisième.

Du Nom.

Nous comprenons dans ce chapitre l'Article, le Sub-
stantiv et l'Adjectif.[1])

§. 41. De l'Article.

L'Article dont la forme primitive est הַל, n'est plus
qu'un préfixe du nom, car le ל s'assimile à la lettre suivante que l'on double régulièrement par un Daguesch,
ex. הַמֶּלֶךְ pour הַלְמֶלֶךְ.

Il s'emploie pour tous les genres et tous les nombres
sous les formes suivantes:

1° הַ Hé avec Paṭhach et suivi d'un Daguesch soit
écrit, soit *implicitement* renfermé dans une gutturale, ex.
הַדָּבָר *la parole,* הַחֹדֶשׁ *le mois.*

2° הָ Hé avec Quâmeṣ sans Daguesch, forme usitée
devant א, ר et הָ, quelquefois aussi devant ע, ex. הָאִישׁ
l'homme, הָראֹשׁ *la tête,* הָעֶבֶד *l'esclave.*

3° הֶ Hé avec Ségol, devant הָ, עָ, prononcés sans
accent, et toujours devant הָ, ex. הֶחָזוֹן, הֶעָרִים, הֶהָרִים.

4° הַ Hé avec Patach sans Daguesch quand il y a
un Scheva sous la 1ère consonne du mot, ex. הַיְאֹר pour
הַיְאֹר le fleuve.

---

1) L'Adjectif, quant à la forme, ne diffère pas du Substantif.

§. 42. De la dérivation des Noms.

Les noms sont primitifs ou dérivés. — Les primitifs sont peu nombreux: ils expriment les idées les plus simples, ex. אֶרֶץ *terre,* עִיר *ville.* — Les dérivés viennent d'un nom ou d'un verbe.

On appelle *dénominatifs* ceux qui viennent d'un nom, ex. קַשָּׁת *archer* de קֶשֶׁת *arc.*

On appelle *verbaux* ceux qui viennent d'un verbe. Ils sont tellement nombreux que les anciens grammairiens prétendent que tous les noms tirent leur origine du verbe: ils sont dérivés ou d'un Infinitif ou d'un Participe. Les uns n'ont, comme le verbe, que trois consonnes et deux voyelles; on les appelle alors *noms nus* ou simples, ex. עֶבֶד *esclave.* Les autres reçoivent des lettres ajoutées au commencement ou à la fin de la racine; on les appelle *noms augmentés* ou allongés. — Les lettres qui servent à la dérivation des noms sont: א ה ו י מ נ ת (contenues dans le mot הֶאֱמַנְתִּיו *j'ai cru en lui*), qu'on appelle lettres *serviles* ou *héémantiques.*

Un grand nombre de noms prennent la forme plus ou moins modifiée de l'Inf. constr. et abs., ex. צְחֹק *rire* (voir surtout les formes *ségolées* (§. 47). — D'autres apparaissent sous la forme des Participes, ex. סֹפֵר *scribe,* צַדִּיק *juste,* רַחוּם *miséricordieux.*

Outre ces formes purement verbales, certains noms sont encore formés au moyen des préfixes et des affixes:

Les *préfixes* sont: 1° *Aleph prosthétique:* אָדוֹן *seigneur;* 2° *Mem local:* מִזְבֵּחַ *autel,* 3° *Thav initial:* תּוֹרָה *loi.*

Les *affixes* sont: 1° וּת, ־ית qui donnent aux noms la signification abstraite: מַלְכוּת *royaume;* 2° ־ָן, וֹן־: אֲבַדּוֹן *perte,* קָרְבָּן *offrande,* 3° ־ִי qui désigne les nombres ordinaux et les noms de famille et de pays, ex. שֵׁנִי *second,* עִבְרִי *hébreu.*

§. 43.　Des Cas.

Les cas proprement dits n'existent pas en hébreu; on les remplace de la manière suivants:

Le *Nominatif* et le *Vocatif* sont représentés par le mot hébreu simple, ex. הָאָב אָמַר *le père a dit;* יְהֹוָה *Seigneur.*

Le *Génitif* par *l'état construit* (§. 44).

Le *Datif* par la préposition לְ placée devant le nom, ex. לָאִישׁ *à l'homme.*

L'*Accusatif*[1]) en préposant la particule אֵת ou אֶת־, ex. אֶת־הַדָּבָר *la parole.*

L'*Ablatif* en mettant בְּ *dans* ou מִן *de,* devant les mots, ex. בָּכֶם *dans vous.*

Placées devant l'Article, les lettres לְ et בְּ font disparaître le הַ et prennent sa voyelle, ex. הַדָּבָר *la parole,* Dat. לַדָּבָר *à la parole;* הָעֹז *la force,* בָּעֹז *par force.*

La préposition מִן garde l'Article intact et se joint au nom d'après les règles énoncées au §. 9 nota et au §. 7, ex. מִן־הָאָרֶץ *de la terre,* מֵהָאִישׁ *de l'homme.*

§. 44.　De l'Etat construit.
Paradigme XIV.

Pour exprimer qu'un nom est régime d'un autre, les Hébreux ont une manière qui leur est propre. Le nom qui doit être au Génitif ne subit aucune modification, mais le *nom régissant* change de forme, s'abrège, afin de se joindre, pour ainsi dire, plus rapidement avec le *nom régi.* La forme ainsi abrégée sous laquelle le nom régissant apparaît, s'appelle *état construit* pour la

---

1) L'ancienne forme de l'Accusatif est ה־ (*Hé local*) qui ne sert plus qu' à désigner le lieu et qui n'attire pas à lui l'accent tonique, ex. הַבַּיְתָה *à la maison,* de בַּיִת; בָּבֶלָה *à Babylone.*

distinguer de la forme primitive du nom qui s'appelle *état absolu.*[1])

Règle générale. Pour former l'*état construit* au sing. masc. on ne change aucune voyelle, excepté le Quâmeṣ et le Ṣêré: dans la *dernière* syllabe ces deux voyelles se changent en Pathach et dans l'*avant-dernière* en Scheva, ex. דָּבָר, état constr. דְּבַר; זָקֵן, état constr. זְקַן. — Ici les gutturales prennent aussi le Chateph au lieu du Scheva simple, ex. חָצֵר, état constr. חֲצַר.

Toutes les autres voyelles restent invariables à l'état constr., ex. סוּס *cheval;* סוּס הַמֶּלֶךְ *le cheval du roi.*

Le forme féminine ה— se change en ת— à l'état constr., ex. יִרְאָה, état constr. יִרְאַת. S'il y a un Quâmeṣ ou un Ṣêre sous l'avant-dernière syllabe, ils se changent en Scheva, comme on l'a dit plus haut, ex. צְדָקָה état constr. צְדְקַת. Les terminaisons fém. ת—, —ית, ות ne changent pas à l'état construit.

§. 45. Du Nombre dans les Noms.

Nota. On ne connaît en hébreu que deux genres: le *masculin* et le *féminin.* Le *neutre* est rendu par le féminin. Le masculin n'a pas de terminaison qui lui soit propre, le féminin reçoit les terminaisons ה— et ת—, plus rarement ת—, ת—, —ית, ות, ּה.

Il y a trois nombres, le *singulier*, le *pluriel* et le *duel.* Celui-ci ne s'emploie ordinairement que pour les choses doubles de leur nature, comme les yeux, les mains, etc.

1° *Des noms masculins.* Le *pluriel* des noms masculins se forme en ajoutant la terminaison ים— (rare-

---

1) Quelques noms restent invariables à l'état constr., plusieurs autres ne suivent aucune règle dans les changements qu'ils éprouvent (§. 48). — L'état constr. est indiqué dans le dictionnaire.

ment רִֽי‒ָ) à l'état constr. sing. Si la voyelle de la dernière syllabe a été rendue brève à cause de l'état construit (§. 44), elle s'allonge de nouveau en Quâmeṣ ou en Ṣêré, car la dernière syllabe de la racine devient ouverte (§. 13, IIa), ex. דָּבָר, état constr. דְּבַר, plur. דְּבָרִים; זָקֵן, état constr. זְקַן, plur. זְקֵנִים.

Le *duel* se forme en ajoutant de la même manière à l'état constr. sing. la terminaison ‒ָיִם, ex. דְּבַר, duel דְּבָרַיִם.

L'état construit pluriel et duel s'obtiennent en changeant la terminaison plur. ‒ִים en ‒ֵי, ex. סוּסִים, constr. סוּסֵי; עֵינַיִם, constr. עֵינֵי.

2⁰ *Des noms féminins.*[1]) — Le *pluriel* des noms féminins se forme en changeant la terminaison ‒ָה en וֹת, ex. שָׁנָה, plur. שָׁנוֹת ou en ajoutant simplement וֹת, si le nom singulier n'a pas la terminaison féminine, ex. יָד, plur. יָדוֹת.

L'état construit pluriel conserve cette terminaison וֹת, et le Quâmeṣ et le Ṣêré disparaissent comme au sing. (§. 44) de l'avant-dernière syllabe, ex. שָׁנוֹת, état constr. שְׁנוֹת.

Le *duel* se forme en ajoutant la terminaison ‒ָיִם à l'état constr. sing. et en tenant compte des changement indiqués au §. 44, ex. שָׂפָה *lèvre*, שְׂפָתַיִם *les deux lèvres*. De cette forme on obtient l'état constr. de la même manière que pour les noms masculins, ex. שִׂפְתֵי.

§. 46. Du Nom avec les suffixes.
Paradigme XIV.

Le nom singulier n'a pas les mêmes suffixes que le nom pluriel. Les suffixes du nom pluriel sont précédés d'un Iod.

---

1) Quelques noms féminins ont au plur. la terminaison masculine ‒ִים et quelques noms masculins ont au plur. la terminaison fém. ‒וֹת. Voir le dictionnaire.

On distingue les suffixes *légers* et les suffixes *graves*. Les suffixes *graves* forment par eux-mêmes une syllabe fermée, ce sont כֶם, כֶן et הֶם, הֶן. Placés à la fin d'un verbe, ils ne font subir aucun changement de voyelle à la dernière syllabe de la racine.

Dans les noms réguliers, les suffixes *graves* du nom pluriel se joignent seulement à l'état constr. *pluriel*, tandis que les trois autres formes des suffixes, c-à-d le suffixe grave et léger du nom sing. et le suffixe léger du nom plur., se joignent à l'état constr. *sing.*, ex. sing. דְּבַרְכֶם, דְּבָרִי, plur. avec suff. léger דְּבָרַי; avec suff. grave דִּבְרֵיכֶם.

Ces règles ne s'appliquent pas aux formes *ségolées* qui suivent.

§. 47.   Des Noms ségolés.

Paradigme XIV.

Ilexiste une classe de noms trilitères qui, dérivés immédiatement de la racine, se font remarquer par un Ségol sous la dernière syllabe et par l'accent tonique sur l'avant-dernière (Mil'el). Ces noms primitivement monosyllabes avaient, contrairement au §. 14, 1⁰, *trois* consonnes avec une seule voyelle, ex. מֶלֶך, סְפְר, קְדְשׁ. C'est pourquoi on ajoute une voyelle auxiliaire qui est le plus souvent un *Ségol*. Celle-ci donne de la force à la voyelle de l'avant-dernière syllabe qui devient ouverte et reçoit l'accent. On obtient ainsi les formes מֶלֶך, סֵפֶר, קֹדֶשׁ.

Mais dès que le nom reçoit quelque allongement, le Ségol auxiliaire se retranche et la ponctuation de la forme primitive reparaît avec une seule voyelle sous la racine. La voyelle auxiliaire n'a plus alors sa raison d'être, car la 3ᵉ consonne se joint à l'allongement, ce qui empêche d'avoir trois consonnes pour une seule voyelle. C'est pourquoi on se sert de la forme primitive avec la plupart des suffixes, ex. סִפְרְכֶם, מַלְכִּי, קָדְשְׁכֶם.

Toutes les formes ségolées ont au plur. Scheva et Quâmeṣ, ex. סְפָרִים, מְלָכִים. Le Chôlem de la 1re syllabe se change le plus souvent en Chateph-Quâmeṣ, ex. קָדָשִׁים.

L'état constr. plur. est dérivé de la forme primitive, ex. קָדְשֵׁי, סִפְרֵי, מַלְכֵי. La forme plur. (avec Quâmeṣ et Scheva) s'emploie même pour les suffixes *légers* du nom pluriel, ex. מְלָכַי *mes rois*. Tous les autres suffixes s'ajoutent à la forme primitive, ex. סִפְרִי, mon livre; קָדְשְׁכֶם, votre sainteté.[1])

§. 48. Des Noms irréguliers.

1º אָב *père*, état constr. אֲבִי, plur. אָבוֹת, avec suffixe léger אָבִי, avec grave אֲבִי, ex. אֲבִיכֶם, אָבִיךָ.

2º אָח *frère*, état constr. אֲחִי, plur. אַחִים, avec suff. lég. אָחִי, avec grave אֲחִי, suff. plur. 1. pers. אַחַי, 3e pers. אֶחָיו.

3º אָחוֹת *sœur*, plur. אֲחָיוֹת, avec suff. plur. אַחְיוֹת ou אַחוֹת.

4º אִישׁ *homme*, a le plur. du nom אֱנֹשׁ (אֱנוֹשׁ *homme*), אֲנָשִׁים, ét. constr. אַנְשֵׁי, auquel on joint les suff. plur.

5º אִשָּׁה *femme*, ét. constr. אֵשֶׁת, avec suff. comme le ségolé אִשְׁתְּ ou אֶשְׁתְּ, plur. נָשִׁים, forme abrégée de אֲנָשִׁים.

6º אָמָה *servante*, garde le ה au plur. אֲמָהוֹת, ét. constr. אַמְהוֹת.

---

1) Les ségolés offrent un grand nombre d'irrégularités. Ceux qui ont une gutturale, remplacent le Ségol par un Pathach, ex. נַעַר, נֶצַח; ceux qui sont dérivés des verbes ל״ה, changent quelquefois le ה en י, ex. פְּרִי, etc. etc.

7° בַּיִת *maison*, ét. constr. בֵּית, plur. בָּתִּים (*bâttim*).

8° בֵּן *fils*, ét. constr. בֶּן־ ou בָּן־ avec Makkeph; plur. בָּנִים, ét. constr. בְּנֵי; *mon fils* בְּנִי, *ton fils* בִּנְךָ, etc., plur. avec suff. léger בָּנַי, avec grave בְּנֵיכֶם.

9° בַּת *fille*, plur. בָּנוֹת, ét. constr. בְּנוֹת, avec suff. בִּתִּי, suff. plur. בְּנוֹתֶיכֶם, בְּנוֹתַי.

10° חָם *beau-père* et חָמוֹת *belle-mère*, comme 2 et 3.

11° יוֹם *jour*, plur. יָמִים, état constr. יְמֵי.

12° כְּלִי *vase*, plur. כֵּלִים.

13° מַיִם *eau*, état constr. מֵי et מֵימֵי.

14° עִיר *ville*, plur. עָרִים, état constr. עָרֵי.

15° פֶּה *bouche*, ét. constr. פִּי, avec suff. פִּי *ma bouche*, פִּיךָ.

16° רֹאשׁ *tête*, plur. רָאשִׁים.

§. 49. Des Noms de nombre.

1° Les nombres *cardinaux* sont des substantifs irréguliers, excepté אֶחָד qui est un véritable adjectif. De 3 à 10, la terminaison féminine s'emploie avec les noms masculins et la terminaison masculine avec les noms féminins, ainsi qu'il suit:

	Masculin.		*Féminin.*	
	Etat absolu.	Etat construit.	Etat absolu.	Etat construit.
1.	אֶחָד	אַחַד	אַחַת	אַחַת
2.	שְׁנַיִם	שְׁנֵי	שְׁתַּיִם	שְׁתֵּי
3.	שְׁלֹשָׁה	שְׁלֹשֶׁת	שָׁלֹשׁ	שְׁלֹשׁ
4.	אַרְבָּעָה	אַרְבַּעַת	אַרְבַּע	אַרְבַּע
5.	חֲמִשָּׁה	חֲמֵשֶׁת	חָמֵשׁ	חֲמֵשׁ
6.	שִׁשָּׁה	שֵׁשֶׁת	שֵׁשׁ	שֵׁשׁ
7.	שִׁבְעָה	שִׁבְעַת	שֶׁבַע	שְׁבַע
8.	שְׁמֹנָה	שְׁמֹנַת	שְׁמֹנֶה	שְׁמֹנֶה
9.	תִּשְׁעָה	תִּשְׁעַת	תֵּשַׁע	תְּשַׁע
10.	עֲשָׂרָה	עֲשֶׂרֶת	עֶשֶׂר	עֲשֶׂר

Les nombres suivants jusqu'à 100, n'ont pas d'état construit:

	Masculin.		*Féminin.*
11.	עָשָׂר { אַחַד / עַשְׁתֵּי	עֶשְׂרֵה { אַחַת / עַשְׁתֵּי
12.	עָשָׂר { שְׁנֵי / שְׁנַיִם	עֶשְׂרֵה { שְׁתֵּי / שְׁתַּיִם

De 13 à 19, les unités se placent comme mots séparés devant עָשָׂר (fém. עֶשְׂרֵה). Au masc. les unités se mettent à l'état absolu; au fém. à l'état construit:

13.   שְׁלֹשָׁה עָשָׂר שְׁלֹשׁ עֶשְׂרֵה

14.   אַרְבָּעָה עָשָׂר אַרְבַּע עֶשְׂרֵה, etc. jusqu'à 19.

20. s'exprime par le pluriel de 10: עֶשְׂרִים.

De 30 à 90, les nombres s'expriment par le pluriel des unités.

30. שְׁלֹשִׁים 50. חֲמִשִּׁים 70. שִׁבְעִים 90. תִּשְׁעִים.

40. אַרְבָּעִים 60. שִׁשִּׁים 80. שְׁמֹנִים

Toutes ces dizaines n'ont qu'une seule forme sans fém. et sans état construit. Les unités s'unissent avec elles, comme mots séparés et se placent tantôt avant et tantôt après. Les unités et les dizaines sont jointes par le *Vav copulatif* qui signifie *et,* ex. חֲמִשָּׁה וְשִׁבְעִים *septante et cinq.*

Cent: מֵאָה, constr. מֵאַת subst. fém.

Deux cents: מָאתַיִם (duel). — Les autres centaines se forment en ajoutant le pluriel מֵאוֹת aux unités de l'état constr. fém., ex. שְׁלֹשׁ מֵאוֹת *trois cents.*

Mille: אֶלֶף subst. masc. — Les autres mille s'expriment en ajoutant אֲלָפִים aux unités de l'ét. constr. masc., ex. אַרְבַּעַת אֲלָפִים *quatre mille.*

Dix mille s'exprime quelquefois par רִבּוֹת (רִבּוֹ, רְבָבָה) c-à-d *une multitude.*

2⁰ Les nombres *ordinaux* de 2 à 10, se forment des cardinaux et ont tous la terminaison י—ִ.

שֵׁנִי	*second*	שְׁבִיעִי	*septième*
שְׁלִישִׁי	*troisième*	שְׁמִינִי	*huitième*
רְבִיעִי	*quatrième*	תְּשִׁיעִי	*neuvième*
חֲמִשִּׁי	*cinquième*	עֲשִׂירִי	*dixième*
שִׁשִּׁי	*sixième.*		

Premier רִאשׁוֹן, de רֹאשׁ *tête, commencement*, fém. רִאשׁוֹנָה.

Pour former le fém. des ordinaux, on ajoute ת, ex. שִׁשִּׁית *la sixième.*

Les nombres ordinaux au dessus de 10, n'ont point de forme particulière, on les remplace par les cardinaux.

Chapitre Quatrième.

Des Particules.

Nous comprenons sous le nom de *Particules*, les Adverbes, les Prépositions, les Conjonctions et les Interjections.

§. 50.   Des Adverbes.

1⁰ Quelques adverbes prennent des suffixes et renferment alors implicitement le verbe *être*, ex. אֵין *ne pas*, אֵינֶנִּי *je ne suis pas*; עוֹד *encore*, עוֹדֶנּוּ *il reste encore*; הִנֵּה, הֵן *ici* (proprement *voici*), הִנְנִי *je suis ici, me voici*; אַר *où*, אַיּוֹ *où est-il?* אַיֶּכָּה *où es-tu?* אַיָּם *où sont-ils?*

Ces sortes d'adverbes prennent le suffixe du verbe et le plus souvent avec le Noun épenthétique.

2⁰ La particule *interrogative* est ordinairement הֲ qui s'unit comme préfixe au premier mot de l'interrogation, ex. הֲלֹא *est-ce-que* .... *ne pas?* Devant les consonnes munies d'un Schéva mobile, הֲ se change en הַ

(§. 14, 2°c), ex. הִשְׁמַעְתֶּם *avez-vous entendu?* Souvent elle se joint à ces mêmes consonnes par un Daguesch fort copulatif, ex. הֲכִעֵד *est-ce que après?* Devant les gutturales, le ה interrogatif prend ou un Pathach, ex. הַאִם *est-ce que si*, ou un Ségol si les gutturales sont affectées d'un Quâmeş, ex. הֶאָנֹכִי *est-ce que moi?*

§. 51.   Des Prépositions.
Paradigme XV.

Les prépositions sont *inséparables* ou *séparables*.

Les *inséparables* s'attachent comme *préfixes* au commencement des noms, des infinitifs et même d'autres particules. Il y en a quatre: בְּ *dans*, כְּ *comme*, לְ *à*, מִן *de.*[1]

Les *séparables* sont de vrais substantifs: elles ont un genre, un nombre, un état construit, reçoivent les suffixes, etc. Les principales sont: עַל *dessus*, נֶגֶד *devant*, בְּלִי *sans*, אֶל *vers*, לִפְנֵי *en présence de*, תַּחַת *sous*, אַחַר *après*, עִם *avec*, etc.

La préposition אֵת *avec*, se change en אֶת (pour אִנְת) devant les suffixes, ex. אִתִּי *avec moi*, tandis que le signe de l'Accusatif אֵת se change en אֹת (אוֹת), ex. אֹתִי *moi*.

Quand les prépositions reçoivent les suffixes, elles prennent tantôt leur forme primitive, ex. לְךָ *à toi*, tantôt elles subissent la règle énoncée au §. 14, 3°, ex. בָּכֶם.

Dans le style poétique, on ajoute quelquefois par pléonasme מוֹ à בְּ, כְּ, לְ, ex. בְּמוֹ.

§. 52.   Des Conjonctions.

De toutes les conjonctions la plus usitée est le *Vav copulatif.* En effet pour unir les mots et les phrases *de*

---

1) Les Juifs ne prononcent pas le mot יְהֹוָה, ils le remplacent par אֲדֹנָי; c'est pourquoi les prépositions placées devant יְהֹוָה, prennent la voyelle que demanderait אֲדֹנָי, ex. לַיהֹוָה. (voir §. 69. note.)

quelque manière que ce soit, on emploie le Vav affecté d'un Scheva mobile. Ce Vav a différents sens suivant le genre de liaison qu'il établit: *et, or, cependant*, etc. Quant à sa ponctuation, elle se fait selon les règles dont nous avons déjà parlé, et en outre le Vav se change en וּ devant un Scheva mobile et devant les *labiales* ב, ו, מ, פ (וּמֶף). On obtient ainsi וּבָאָרֶץ, וִיהִי, וַעֲמֹד, וּלָה, וְגַם pour וִיהִי טוֹב וָרַע.

Les autres se trouvent dans le dictionnaire. Les particules אֲשֶׁר et כִּי ajoutées à certaines prépositions, les changent en conjonctions; ex. כַּאֲשֶׁר *de même que*, אַחַר אֲשֶׁר *après que*, עַד כִּי *jusqu' à ce que*, יַעַן כִּי *parce que*, etc.

§. 53. Des Interjections.

Outre les interjections proprement dites אֲהָהּ, אָח, הוֹי, il y a encore d'autres espèces de mots qui deviennent interjections parcequ'on les prononce avec vivacité, ex. הֵן et הִנֵּה *voici!* הָבָה plur. הָבוּ *or ça, courage* (Impér. de יָהַב *donner*), לְכָה et לְכוּ *allez!* (Impér. de הָלַךְ *aller*) etc. Les particules נָא et בִּי *je vous prie*, donnent à la phrase l'expression d'un désir, d'une prière.

Troisième Partie.

De la Syntaxe.

L'hébreu n'a pas les longues périodes de nos langues occidentales. Sa syntaxe est très-simple; nous exposerons seulement les règles qui lui sont spéciales.

Chapitre Premier.

Du Verbe.

§. 54.   De l'emploi du Prétérit.[1]

Le Prétérit a ordinairement le même sens que le *Prétérit historique* des Latins: c'est le temps de la narration.[2] Il s'emploie plus rarement pour l'*Imparfait* et le *Plus-que-parfait*, ex. אִישׁ הָיָה בְּאֶרֶץ עוּץ *il y avait un homme dans la terre de Hus;* לֹא הִמְטִיר יְיָ *Jehova n'avait pas encore fait pleuvoir.*

Il a le sens de l'*Imparfait* et du *Plus-que-parf.* du *Subjonctif* dans les phrases conditionnelles, ex. לוּ מַתְנוּ *si nous fussions morts;* לוּלֵא יְיָ הוֹתִיר לָנוּ שָׂרִיד הָיִינוּ כְּסְדֹם *si le Seigneur ne nous eut pas laissé de survivants, nous serions comme Sodome.*

Il s'emploie aussi pour le *Présent,* quand il indique un état qui dure, principalement dans les phrases

------

1) Ce que les grammairiens appellent *Prétérit* et *Futur* en hébreu, est loin de répondre au Prétérit et au Futur de notre langue. «Præterito et Futuro aptius nomen datur *Perfectum* et *Imperfectum*; non enim elapsi aut venturi temporis, sed consummatæ aut durantis actionis signa sunt.» (Kaulen.)

2) C'est surtout le *Futur conversif* qui est le *temps historique* des Hébreux (§. 56).

générales et universelles, telles qu'on les trouve dans les livres moraux (Proverbes, Psaumes, etc.) ex. אָמַר עָצֵל אֲרִי בַחוּץ le paresseux dit: le lion est sur la place, גָּדַלְתָּ יְהוָה vous êtes grand, Seigneur!

§. 55. De l'emploi du Futur.

Le Futur exprime ordinairement l'*avenir*. Il s'emploie aussi pour le *Présent*, surtout dans les sentences morales, ex. יִרְאַת יְהוָה תּוֹסִיף יָמִים *la crainte du Seigneur augmente les jours*. Quelquefois la présence des particules אָז *alors* et בְּטֶרֶם *avant que*, indique que le Futur est mis pour le *Prétérit*, ex. אָז יְדַבֵּר יְהוֹשֻׁעַ לַיהוָה, *alors Josué parla au Seigneur*.

Le Futur tient souvent lieu de *Subjonctif* et d'*Impératif*:[1]) il sert à exprimer les vœux, les interdictions, les commandements, les prières, etc., ex. לְמַעַן תְּבָרְכָהּ נַפְשִׁי *afin que je te bénisse:* יֹאבַד יוֹם אִוָּלֶד־בּוֹ *périsse le jour dans lequel je suis né;* יְדַבֶּר־נָא עַבְדְּךָ *que votre serviteur parle, je vous prie.*

§. 56. De l'emploi des temps conversifs.

On se sert plus souvent en hébreu des temps conversifs que des temps ordinaires.

Le *Futur conversif* (§. 21) s'emploie dans tous les sens que le Prétérit peut recevoir (§. 54), cependant il ne peut se rapporter qu'à un sujet dont il a été parlé précédemment. C'est pourquoi dans la narration le premier verbe se met au Prétérit, tandis que les verbes suivants se mettent au Fut. conversif.[2])

---

1) Les personnes elles-mêmes de l'Impératif sont peu usitées.

2) La phrase commence souvent par וַיְהִי *et il arriva,* ou וַיֹּאמֶר *et il dit;* ce qui a lieu quand le récit a quelque liaison avec la narration précédente.

Le *Prétérit conversif* prend tous les sens du Futur, (§. 55) et s'emploie surtout pour le *Subjonctif* et l'*Impératif*. Il n'apparaît aussi que comme la continuation d'un Futur précédent, avec lequel il doit être en conformité de sens, ex. וְהָיָה בַּיּוֹם הַהוּא *et il arrivera dans ce jour;* קַח לְךָ וְאָסַפְתָּ *prends pour toi et recueille.*

§. 57.   De l'emploi du Futur paragogique et du Futur apocopé.

Le *Futur paragogique* (§. 21) renferme une exhortation ou une prière qu'on veut exprimer avec plus d'énergie, ex. נְהַלְלָה *tressaillons d'allégresse;* אֶעְבְּרָה בָאָרֶץ *qu'il me soit permis d'entrer dans ta terre!*

Le *Futur apocopé* (§. 33, 4°) s'emploie pour *ordonner* ou *défendre*, ex. יְהִי אוֹר *que la lumière soit;* souvent avec le Vav conversif, ex. וַיָּמָת *et il mourut;* וַיִּגָל *et il révéla.*

§. 58.   De l'emploi de l'Infinitif absolu.

L'Inf. absolu exprime l'idée du verbe, sans liaison grammaticale avec le reste de la phrase, ex. הַמַּיִם הָיוּ הָלוֹךְ וְחָסוֹר *les eaux étaient* à s'en *aller et* à *diminuer.*

Il se trouve quelquefois à la fin d'une phrase avec une signification *adverbiale*, ex. יַעַבְדֻפּוּ הַרְבֵּה *il lui servira beaucoup.*

Il est souvent ajouté à un autre temps, surtout au Prét. et au Fut., pour mieux faire ressortir l'idée du verbe, ex. מוֹת תָּמוּת (proprement: tu mourras mourir) *tu mourras certainement.* Cette construction exprime quelquefois la continuation ou la durée d'une action ou d'un état, ex. וַיֵּצֵא יָצוֹא וָשׁוֹב *et il* (le corbeau) *sortit allant et venant.*

Quelquefois le temps qu'exprime l'Inf. absolu, doit

être expliqué par le contexte; ex. זְכוֹר אֶת־יוֹם הַשַּׁבָּת *souviens-toi du jour du Sabbat.*

§. 59.   De l'emploi de l'Infinitif construit.

L'Inf. construit est lié grammaticalement avec la phrase dont il fait partie. C'est un véritable substantif verbal qui subit les divers accidents de genre, de nombre, de cas, etc.

Il s'emploie comme substantif à *l'état absolu*, ex. וְשִׁבְתְּךָ וְצֵאתְךָ וּבֹאֲךָ יָדָעְתִּי *je sais ta demeure, ta sortie et ton entrée* (ton demeurer, ton sortir et ton entrer); comme substantif à *l'état construit*, ex. לֹא עֵת הֵאָסֵף הַמִּקְנֶה *il n'est pas temps de rassembler le bétail* (du être rassemblé). Précédé de prépositions, il doit se traduire par le verbe fini et par une conjonction, ex. בְּהִבָּרְאָם *lorsqu'ils furent créés* (dans le être créé d'eux), בְּשָׁמְעוֹ *parce qu'il a entendu.*

La lettre préfixe ל devant l'Inf. constr. répond ordinairement aux prépositions *pour, de,* etc., ex. לִרְאֹת *pour voir;* quelquefois elle donne à l'Inf. le sens du *Participe présent,* ex. לֵאמֹר *en disant* (Gérondif en *do*).

Le מ préfixe indique que l'action ou l'état exprimé par l'Inf. ne doit pas avoir lieu, ex. סֻגַּר כָּל־בַּיִת מִבּוֹא *toute maison est fermée tellement que personne n'y entre.*

Les *suffixes* ajoutés à l'Inf. expriment l'Accusatif s'ils se rapportent au *régime* du verbe et le Génitif s'ils se rapportent au *sujet.* Dans le premier cas, on se sert des suffixes du verbe et dans le second des suffixes du nom. Par exemple קָרְאִי *mon cri* (le crier de moi), serait קָרְאֵנִי si le sens devait être: *appeler moi.*

§. 60.   De l'emploi du Participe.

Le Participe plus encore que l'Inf. se rapproche du nom: quelquefois il devient même substantif, ex. רֹעֶה *pasteur* (le paissant).

Il se met à l'*état construit*, ex. יֹשְׁבֵי בֵיתֶךָ *ceux qui habitent ta maison* (les habitant ta maison).

Il s'emploie pour tous les temps du verbe fini, ex. נָהָר יֹצֵא כְּחֻצַּת *un fleuve sortait;* אֵהוּד מֵת *Ehoud mourut;* כַּחֲצִי הַלַּיְלָה אֲנִי יֹצֵא *je sortirai vers le milieu de la nuit.*

Accompagné de הָיָה *être*, il donne à la phrase le sens de *se mettre à, commencer*, ex. וַיְהִי בֹּנֶה עִיר *et il se mit à bâtir une ville* (et il fut bâtissant une ville).

Les *suffixes* s'ajoutent au Participe de la même manière qu'à l'Infinitif (§. 59) ex. עֹשֵׂנִי *créant moi;* עֹשִׂי *mon créateur:* ces deux formes ont à peu près le même sens.

§. 61. De l'emploi des personnes du Verbe.

Le *Pronom · indéfini on* (en Italien *si*) s'exprime èn hébreu:

1° par la construction *passive*, ex. אָז הוּחַל לִקְרֹא *alors on commença à invoquer.*

2° par la 3ᵉ pers. sing. de l'*actif*, ex. וַיֹּאמֶר לְיוֹסֵף *et on dit à Joseph.*

3° par la 3ᵉ pers. plur. de l'*actif*, וַיַּגִּידוּ לְשָׁאוּל *et on annonça à Saül.*

4° par la 2ᵉ pers. sing. ex. לֹא־תָבוֹא שָׁמָּה *on n'ira pas là*, (italien *non se vi andrà*); עַד בֹּאֶךָ *jusqu' à ce qu'on vienne* (jusqu'au venir de toi).

La 3ᵉ pers. sing. masc. du Prét. et du Futur s'emploie souvent *impersonnellement*, ex. וַיְהִי *et il arriva,* חָרָה לוֹ (il brûla à lui), *il fut enflammé de colère.* — On trouve cette forme impersonnelle, même avec un sujet pluriel, ex. יְהִי מְאֹרֹת *qu'il y ait des luminaires.*

La forme masculine des personnes est beaucoup

plus usitée que la forme féminine, et elle la remplace quelquefois, ex. שִׁמְעוּ פָּרוֹת הַבָּשָׁן *écoutez, vaches de Basan*.

§. 62. Du régime des verbes.

Sont considérés comme actifs en hébreu et gouvernent l'Accusatif, les verbes qui signifient:

    a. s'asseoir, habiter, demeurer.

    b. aller, venir, se mouvoir.

    c. couler, germer, sourdre, dégoutter.

    d. vêtir, dépouiller.

    e. abonder ou manquer.

עָנָה *répondre* et צִוָּה *commander* sont aussi actifs: *répondre (à) quelqu'un*.

קָרָא *appeler* prend après lui une préposition, ex. קָרָא לוֹ *il a appelé lui* (il a crié à lui).

D'autres verbes sont à la fois neutres et actifs, ex. שׁוּב *revenir* et *ramener*.

Il y a des verbes qui régissent deux accusatifs, ex. לִמֵּד דַּעַת אֶת־הָעָם *il a enseigné la science au peuple*. — Les cas gouvernés par les verbes sont indiqués dans le dictionnaire.

On trouve dans la Bible des phrases dans lesquelles il faut suppléer, entre le verbe et son régime, une expression qui indique le mouvement, ex. חִלַּלְתָּ לָאָרֶץ נִזְרוֹ *tu a souillé sa couronne* (en la jetant) *par terre*. Cette construction qui réunit deux significations dans le seul verbe exprimé, se nomme *prégnante*. Ce n'est, comme on le voit, qu'une sorte d'ellipse.

Lorsqu'un verbe est le régime d'un autre verbe, on met quelquefois le second au futur, ex. לֹא יָדַעְתִּי אֲכַנֶּה, *je ne sais pas flatter* (je ne sais pas comment je flatterai.)

Chapitre Second.

Du Pronom.

§. 63. Du Pronom personnel.

Les pronoms *isolés* représentent le Nominatif, et les *suffixes* les autres cas.

Le pronom isolé renferme assez souvent le verbe *être*, ex. גַּם הוּא חָכָם *lui même aussi* (est) *sage.*

Quelquefois on répète après le suffixe le pronom isolé, afin de donner plus d'énergie à l'expression, ex. לָכֶם אַתֶּם *à vous, vous;* דָּמְךָ גַּם אַתָּה *ton sang, oui* (toi) *le tien.*

Le suffixe se met quelquefois par pléonasme, immédiatement avant le nom, ex. נַפְשׁוֹ עָצֵל *l'âme de lui, du paresseux.*

Les suffixes du nom qui répondent à nos *pronoms possessifs*, expriment un sens passif aussi bien qu'un sens actif, ex. יִרְאָתוֹ *sa crainte* veut dire *la crainte qu'il éprouve* ou *la crainte qu'il inspire.* Le contexte seul peut les faire distinguer.

Les Datifs *à moi, à toi,* etc. paraissent quelquefois ajoutés par pléonasme, surtout après l'Impér. et le Fut., ex. אָשׁוּבָה לִּי *je m'en reviendrai;* לֶךְ־לְךָ *va-t-en.*

§. 64. Du Pronom démonstratif.

Le pronom personnel de la 3e pers. joint avec des Substantifs, a souvent le sens démonstratif, et si ces substantifs ont l'article, il le prend aussi, ex. בַּיּוֹם הַהוּא *en ce jour.*

Le pronom זֶה s'emploie quelquefois pour le relatif אֲשֶׁר, surtout dans les livres poétiques, ex. הַר צִיּוֹן זֶה שָׁכַנְתָּ בּוֹ *la montagne de Sion sur laquelle tu habites.*

הוּא employé démonstrativement, a le sens de *lui-même*, ex. אֲדֹנָי הוּא *le Seigneur lui-même.*

הוּא et הִיא joints à l'Article signifient *le même, ce,* ex. בָּעֵת הַהִיא *dans le même temps,* הַיּוֹם הַהוּא *ce jour-là.*

§. 65. Du Pronom interrogatif.

Le pronom interrogatif מָה s'emploie quelquefois sans interrogation pour *quelque chose (aliquid,)* qui s'exprime cependant plus souvent par מְאוּמָה.

מָה se joint aussi aux prépositions dans les locutions suivantes: לָמָּה *pourquoi?* בַּמָּה *pour quelle cause?* עַד־מָה *jusques à quand?* etc. — Il se joint aussi aux Adjectifs: מַה־גָּדוֹל *combien grand?*

§. 66. Du Pronom relatif.

Il faut souvent sous-entendre le pronom *celui, celle, ce,* etc. et quelquefois même les mots *lieu, temps,* devant אֲשֶׁר, surtout avec une préposition, ex. וְהוֹרֵיתִיךָ אֲשֶׁר תְּדַבֵּר *je t'enseignerai* (ce) *que tu auras à dire;* לַאֲשֶׁר *à celui, à ceux qui;* מֵאֲשֶׁר *depuis* (le temps) *que;* אֶל אֲשֶׁר *vers* (le lieu) *où,* etc.

אֲשֶׁר donne aux pronoms et aux adverbes une signification *relative.* Ainsi לוֹ *à lui,* אֲשֶׁר לוֹ *auquel:* שָׁם *là,* אֲשֶׁר שָׁם *où;* מִשָּׁם *de là,* אֲשֶׁר מִשָּׁם *d'où,* etc.

אֲשֶׁר joint aux prépositions et aux suffixes sert à exprimer les différents cas: *Génitif:* אֲשֶׁר אָזְנוֹ *dont l'oreille; Datif:* אֲשֶׁר לוֹ *à qui,* א' לָהֶם *auxquels; Accusatif:* א' אֹתוֹ *lequel,* א' אֹתָם *lesquels; Ablatif:* א' בּוֹ *dans lequel;* א' בְּאַרְצָם *dans la terre desquels;* א' מִמֶּנּוּ *duquel.*

Il y a souvent des mots intercalés entre אֲשֶׁר et לוֹ, בּוֹ, etc., ex. הָאָרֶץ אֲשֶׁר יָשְׁבוּ־בָהּ *la terre, dans laquelle ils ont habité.*

§. 67.   Des autres Pronoms.

Le *pronom réfléchi* s'exprime ou par les formes Niphal et Hithpaël (§. 16 c), ou par le suffixe de la 3ᵉ pers., ou enfin par une périphrase dans la quelle entrent les mots נֶפֶשׁ *âme*, לֵב *cœur*, קֶרֶב *intérieur*, עֶצֶם *os*, etc., ex. הָיוּ רֹעִים אוֹתָם *ils se nourrissaient eux-mêmes*, לֹא אֵדַע נַפְשִׁי *je ne me connais pas moi-même (mon âme)*.

Chacun se rend par אִישׁ, fém. אִשָּׁה; *quelqu'un* par אִישׁ ou אָדָם; *quelque chose* par כָּל־דָּבָר et מְאוּמָה; *l'un, l'autre* par זֶה ou אֶחָד répété, ou bien par אִישׁ suivi de אָח *frère* ou de רֵעַ *compagnon*.

Chapitre Troisième.

Du Nom.

§. 68.   De l'Article.

L'Article se supprime devant un nom qui est à l'état construit ou suivi d'un suffixe, parceque ce nom est déjà assez déterminé par ces accidents, ex. בֵּית הַמֶּלֶךְ (la) *maison du roi*.

Les adjectifs et le pronom démonstratif זֶה joints à un substantif qui a l'article, le prennent aussi, ex. הַגּוֹי הַגָּדוֹל הַזֶּה *ce grand peuple*.

L'adjectif et le pronom démonstratif prennent l'article lorsque le substantif n'en est privé que parce qu'il est à l'état construit ou suivi d'un suffixe, ex. בֵּית הַמֶּלֶךְ הַגְּדוֹלָה *la grande maison du roi*.

L'Article ne se met point devant les noms propres: il se trouve cependant avec plusieurs noms appellatifs devenus plus tard des noms propres, afin de les distinguer des noms communs correspondants, ex. הַלְּבָנוֹן *le Liban* (pr. le mont blanc), הָרָמָה *Rama* (le lieu élevé).

L'Article a quelquefois le sens démonstratif, surtout dans הַפַּעַם *cette fois*, הַיּוֹם *aujourd'hui* (ce jour).

§. 69. Du Nombre dans les Noms.

Nota. Le féminin remplace ordinairement le *neutre* des Latins, ex. אַחַת שָׁאַלְתִּי *j'ai demandé une chose* (unum). Unam (unum) petii à Domino, hanc (hoc) requiram.

Les Hébreux, par respect, se servent souvent du pluriel en parlant d'une seule personne. C'est ce que les grammairiens appellent *pluriel de majesté* ou *d'excellence.* Ainsi אֱלֹהִים (les dieux) désigne *le vrai Dieu;* קְדוֹשִׁים *le Saint des Saints;* אֲדֹנָי (ancienne forme plur.) *le Seigneur*[1]), בְּעָלִים *un maître*, etc.[2])

Un grand nombre de noms ne sont usités qu'au pluriel; plusieurs d'entre eux expriment des *idées abstraites,* חַיִּים *vie,* נְעוּרִים *jeunesse,* זְקֵנִים *vieillesse,* רַחֲמִים *miséricorde,* פָּנִים *face,* etc.

Le singulier des noms de peuples, précédé de l'article, a souvent le sens du pluriel, ex. הַיְבוּסִי *les Jébuséens.*

L'Adjectif est souvent remplacé par le nom correspondant pris d'une manière abstraite, ex. כֹּל גּוֹיִם *gentium universitas* pour *universæ gentes.*

---

1) Les Juifs ne prononçaient pas le nom propre de Dieu (יַהְוֶה) tel qu'il avait été révélé à Moïse, mais ils le remplaçaient en lisant la Bible par *Adônaï.* C'est pourquoi les Massorèthes ont transporté les voyelles du mot אֲדֹנָי sous le mot יהוה. Mais le Scheva composé est devenu Scheva simple, parceque l'Iod n'est pas une lettre gutturale. Si le mot יהוה est déjà joint avec אֲדֹנָי, les Juifs lisent: *Adônaï Elôhim,* et pour cette raison les voyelles de אֱלֹהִים sont placées sous יהוה, ex. כֹּה אָמַר אֲדֹנָי יֱהוִֹה, lisez cô *âmar adônaï élôhim.* La vraie ponctuation du nom de Dieu aujourd'hui perdue, semble avoir été primitivement יַהְוֶה (Futur de הָוָה, forme usitée dans l'araméen, mais rare en hébreu et mise pour הָיָה *être) il sera* ou *il est,* c-à-d *éternel.*

2) Le pluriel de majesté, ayant la signification du singulier, veut ordinairement le verbe au singulier, ex. בָּרָא אֱלֹהִים, (au commencement) Dieu créa.

§. 70.　Des Cas.

1º *Du Nominatif.* On trouve quelquefois en tête d'une phrase un ou plusieurs mots, complétement détachés de ce qui suit, sous le rapport grammatical. C'est ce qu'on appelle *Nominatif absolu.* Ce Nominatif sur lequel on veut attirer l'attention du lecteur, peut ordinairement se traduire par *quant à,* ex. כִּסְאוֹ בַּשָּׁמַיִם וַיהֹוָה *quant au Seigneur, son trône est dans les cieux.*

2º *Du Génitif.* L'état construit (§. 44) répond au Génitif, cependant on trouve quelquefois un nom à l'état construit devant une préposition qui est un nom abrégé, ex. שִׂמְחַת בַּקָּצִיר *la joie dans la moisson.*

3º *De l'Accusatif.* Il s'exprime par אֵת, אֶת־, qui ne s'emploie pourtant que devant les noms *propres* et les noms *déterminés* soit par l'article, soit par l'état construit, soit par les suffixes. Dans tout autre cas il n'est exprimé par aucun signe particulier, ex. וַיִּקַּח בָּלָק אֶת־ בִּלְעָם *Balac prit Balaam;* בָּרָא אֵת הַשָּׁמַיִם (Dieu) *créa le ciel.* — אֶת־ se trouve quelquefois avec le Nominatif, ex. וְאֶת־הַבַּרְזֶל נָפַל אֶל־הַמַּיִם *et le fer tomba dans l'eau.*

§. 71.　De l'Apposition et de la Répétition du Nom.

L'*Apposition* est la réunion de deux noms à l'*état absolu,* ex. כִּכְּרַיִם כָּסֶף *deux talents* (d') *argent,* דְּבָרִים נִחֻמִים *des paroles de consolation* (des paroles, des consolations).

En hébreu un nom se trouve quelquefois *répété* deux ou trois fois de suite, avec ou sans Vav copulatif. Cette répétition sert à exprimer:

1º La multiplicité, ex. בְּאֵרוֹת בְּאֵרוֹת (des puits, des puits) *des puits nombreux.*

2º La totalité, l'universalité, ex. אִישׁ אִישׁ (homme par homme) *tous les hommes.*

3° La distribution, ex. בַּבֹּקֶר בַּבֹּקֶר (un matin après un matin) *tous les matins.*

4° La diversité: dans ce cas le Vav doit être exprimé, ex. אֶבֶן וָאָבֶן (un poids et un poids) *différentes espèces de poids.*

§. 72.   De l'Adjectif.

Si un Adjectif est suivi d'un substantif qui sert à le déterminer d'une manière plus précise, cet adjectif se met ordinairement à l'état construit, ex. יְפֵה־תֹאַר *beau de forme.*

Certains adjectifs s'expriment en hébreu au moyen de périphrases dans lesquelles entrent les mots אִישׁ *homme,* בַּעַל *seigneur,* בֵּן *fils,* ex. בַּעֲלֵי בְרִית (maîtres de l'alliance) *les alliés;* אַבְרָהָם בֶּן־מְאַת שָׁנָה *Abraham était* (fils) *âgé de cent ans.*[1])

Le *pluriel de majesté* veut le plus souvent l'adjectif au singulier, ex. אֲדֹנִים קָשֶׁה *un maître dur.*

Avec les *collectifs,* les adjectifs et les participes se mettent au pluriel, ex. כָּל־הָאָרֶץ בֹּכִים *toute la terre pleura;* רַבִּים עַם־הָאָרֶץ *nombreux* (est) *le peuple de la terre.*

§. 73.   Du Comparatif et du Superlatif.

L'adjectif, en hébreu comme en français, ne subit aucune modification dans la formation du Comparatif et du Superlatif.

Le *Comparatif* s'exprime par la prép. מִי, מִן *plus que, en comparaison de,* que l'on place comme préfixe devant le nom avec lequel s'établit la comparaison, ex. חָכָם מִמֶּלֶךְ *plus sage que le roi* (sage en comparaison du roi).

Cette construction signifie aussi quelquefois *trop,* ex. הַדָּבָר אֲשֶׁר יִקְשֶׁה מִכֶּם *chose qui sera trop difficile pour*

---

1) Outre la signification du *natus* des Latins, le mot בֵּן indique souvent *la dépendance, l'origine,* etc. ex. *le fils de la force* בֶּן־חַיִל pour dire *un homme fort; filius iniquitatis* pour *vir iniquus.* La ville de Tyr est appelée *fille de la mer,* parce qu'elle tirait toutes ses richesses de son commerce maritime; les rabbins appellent le vinaigre, *fils du vin,* etc.

vous; ce qui a lieu surtout devant les Infinitifs, ex. גָּדוֹל עֲוֹנִי מִנְּשׂוֹא *ma faute est trop grande pour être pardonnée* (grande en comparaison du être pardonné).

Le *Superlatif* se forme de plusieurs manières:

1° en plaçant l'Article devant l'Adjectif, ex. דָּוִד הוּא הַקָּטֹן *David* (était le plus) *petit.*

2° en ajoutant la particule מְאֹד *beaucoup, fort, très,* qui est quelquefois répétée pour donner plus de force à l'expression, ex. טוֹבָה הָאָרֶץ מְאֹד מְאֹד, *la terre est excellente.*

3° en répétant l'adjectif, ex. רַע רַע *mauvais mauvais, fort mauvais.*

4° en répétant le nom et en le mettant au pluriel, ex. הֲבֵל הֲבָלִים *vanité des vanités*, la plus grande vanité.

§. 74.   Des Noms de nombre.

Le nombre *un* suit la règle des adjectifs.

Les nombres cardinaux depuis 2 jusqu'à 10 sont pris tantôt substantivement, tantôt adverbialement.

Ils se joignent à l'objet compté de trois manières: 1° à l'état construit devant le substantif; 2° à l'état absolu devant le substantif; 3° à l'état absolu après le substantif, ex. שְׁלֹשֶׁת יָמִים ou שְׁלֹשָׁה יָמִים ou יָמִים שְׁלֹשָׁה *trois jours.*

Les unités se construisent ordinairement avec des substantifs pluriels.

Les dizaines demandent au sing. le nom de la chose comptée quand elles le précèdent, et au pluriel quand elles le suivent; ce qui s'observe encore dans les nombres composés de dizaines et d'unités, ex. חֲמֵשׁ עֶשְׂרֵה אַמָּה *quinze coudées;* עֶשְׂרִים אֵילִים *vingt béliers;* אַחַת וְשֵׁשׁ מֵאוֹת שָׁנָה *six cents et un an.*

Quelquefois le nom de l'objet compté se répéte après chaque nombre en se mettant au pluriel après les plus petits nombres et au sing. après les plus grands, ex. מֵאָה שָׁנָה וְעֶשְׂרִים שָׁנָה וְשֶׁבַע שָׁנִים *127 ans.*

Chapitre Quatrième.

Des Particules.

§. 75. Des Adverbes.

Nota. Les dictionnaires donnent les différents sens de toutes les particules.

Les adverbes négatifs sont לֹא et אַל. Le premier est la négation simple, ex. לֹא יֵלֵךְ *il n'ira pas;* le second renferme l'idée de défense, ex. אַל־יֵלֵךְ *qu'il n'y aille pas.* Cependant לֹא sert aussi à exprimer une interdiction formelle, ex. לֹא תִגְנֹב *tu ne prendras pas.*

Une double négation n'affirme pas, comme en latin, mais nie plus fortement, comme en grec, ex. אֵין כֶּסֶף לֹא נֶחְשָׁב *l'argent était compté pour rien* (au temps de Salomon.)

לֹא s'emploie aussi pour la réponse *non.* Il n'y a pas de mot pour exprimer la réponse affirmative *oui,* on répète la phrase, ex. הֲשָׁלוֹם לוֹ וַיֹּאמְרוּ שָׁלוֹם *est-ce que la paix est avec lui? Ils répondirent: oui.*

§. 76. Des Prépositions.

Plusieurs prépositions peuvent se trouver réunies ensemble, ex. מֵעַל *de dessus,* מֵאַחַר *d'après,* מִתַּחַת *de dessous,* מֵעִם *d'auprès,* מִבֵּין *d'entre,* etc. — Il appartient à la lexicographie de classer ces différentes locutions.

§. 77. Des Conjonctions.

Dans les locutions conjonctives une partie est souvent retranchée, ainsi יַעַן ou אֲשֶׁר est souvent mis pour יַעַן אֲשֶׁר.[1])

---

1) Ce retranchement des conjonctions a souvent pour but de donner plus d'énergie à la phrase, ex. אֹכְלֵי עַמִּי אָכְלוּ לֶחֶם *ils dévorent mon peuple (comme) ils dévoreraient du pain.*

אִם *si*, placé au commencement d'un serment, exprime une *négation*, ex. *je vous adjure par* …….. אִם תָּעִירוּ *que vous ne réveilliez pas;* mais אִם לֹא renferme une *affirmation*, ex. *et Moïse jura en disant* …… אִם לֹא הָאָרֶץ ……. תִּהְיֶה לְּךָ *certainement le pays sera à toi.*

§. 78. De l'investigation de la racine.

Comme les dictionnaires contiennent par ordre alphabétique les *racines*, à la suite desquelles sont placés les *dérivés*, il arrive souvent que les commençants, ne connaissant pas la racine, ne savent quel mot chercher dans le dictionnaire. Pour trouver la racine il faut retrancher les *préfixes* et les *affixes*.

Préfixes.

I. Dans les formes *nominales*
(subst., adj., inf., participes et particules).

1. Article הַ, הָ, הֶ. §. 41.
2. Signes des cas ל, ב, מ. §. 43.
3. Vav copulatif וְ, וּ, וָ. §. 52.
4. Hé interrogatif הֲ, הַ, הָ. §. 50. 2⁰.
5. Relatif abrégé שֶׁ. §. 40.
6. Préfixes des noms. §. 42.

II. Dans les formes *verbales.*

1. Caractéristiques נ, ה, הִת. §. 17.
2. Préformantes du Futur et des Participes. §. 20.
3. Vav conversif וָ, וּ et וַ, וְ. §. 21.

Affixes.

I. Dans les formes *nominales.*

1. Différentes terminaisons du féminin הָ֭, תָ֫, תֶ֫. §. 45.
2. Terminaisons du plur. et du duel יםָ֭, יָ֭, וֹת, ־יםָ֫. §. 45.
3. Suffixes. §. 46. — Hé local. §. 43. *note.*

II. Dans les formes *verbales*.

1. Afformantes. §. 18 — 19 — 20.
2. Suffixes. §. 37. — Hé paragogique. §. 21, 2º.
3. Terminaison féminine de quelques Infinitifs. §. 26 et §. 28.

Quand on a retranché les préfixes et les affixes, la racine des noms est facile à reconnaître (v. §. 42), mais dans les verbes il ne reste souvent que deux consonnes (ou quelquefois une seule).

Il faut alors ajouter au commencement נ ou י (verbes פ"ן ou פ"י), ou au milieu ו ou י (verbes ע"ו ou ע"י), ou à la fin ה (verbes ל"ה), ou doubler la 2ᵉ radicale (verbes ע"ע). — Voir surtout le §. 35.

§. 79. Du Kerê et du Chetib.

Les Massorèthes, tout en admettant pour le texte de la Bible la leçon traditionnelle, voulurent insérer les variantes qui leur semblaient fondées; ils n'osèrent pas changer le texte lui-même. C'est pourquoi ils ont écrit à la marge (aujourd'hui au bas de la page), les consonnes de la variante proposée et ils ont placé les voyelles qui lui appartiennent sous les consonnes du texte. Les consonnes placées à la marge doivent donc être lues avec les voyelles écrites dans le texte.

La leçon marginale s'appelle *Kerê* (קְרִי chald. *ce qui doit être lu*, de קרא) et la leçon du texte *Chetib* (כְּתִיב *ce qui est écrit*, de כתב). Le mot auquel s'applique la variante est surmonté d'un petit cercle — ou d'une astérisque — et la variante est précédée du chiffre des versets et suivie du terme קְרִי, ex. texte בְּעָאלֹת, note marginale טו בעלות קרי, donc au verset 15 il faut effacer l'א et lire בַּעֲלֹת.

Le plus souvent ces variantes ne concernent que les *lettres*, cependant les *mots* eux-mêmes sont corrigés de trois manières, car le petit cercle indique ou un mot superflu, ou un mot omis, ou enfin un mot écrit d'une manière inexacte. La première erreur se note à la marge par כְּתִיב וְלָא קְרֵי *écrit mais non à lire;* la deuxième par les mêmes mots intervertis קְרֵי וְלָא כְּתִיב *à lire quoique non écrit;* la troisième par le seul mot קְרֵי ou sa lettre initiale ק׳.

Les trois abréviations suivantes se rencontrent souvent dans les dictionnaires: פּ׳ pour פְּלֹנִי *quelqu'un;* יֵ׳ ou ה׳ pour יְהוָֹה *Seigneur;* וְגֹ׳ pour וְגוֹמֵר (et le complément) *et le reste.*

§. 80. Divisions en usage dans les Bibles hébraïques.

L'usage de lire la Bible dans les synagogues les jours de Sabbat, existait avant la venue de Notre Seigneur. (Voir Act. XV, 21.) C'est pourquoi le Pentateuque a été partagé en 54 sections appelées *parachot* (פָּרָשָׁה section), une pour chaque sabbat. Il y a les grandes et les petites parachot.

Les grandes sont indiquées par trois פפפ (1ʳᵉ lettre de פָּרָשָׁה) ou par trois ססס (1ʳᵉ lettre de סְדְרָה division). — Les Juifs donnent aux parachot le nom du premier ou des premiers mots qui commencent chacune d'elles: la 1ʳᵉ se nomme בְּרֵאשִׁית (Gen. 1. 1), la 2ᵐᵉ אֵלֶּה תוֹלְדֹת נֹחַ (Gen. VI, 9).

Les petites se divisent en parachot *ouvertes,* indiquées par un פ (פְּתוּחָה) et en parachot *fermées,* indiquées par un ס (סְתוּמָה). — Pour les premières, on commence une nouvelle ligne, en sorte que la précédente reste inachevée et *ouverte,* tandisque pour les secondes il suffit qu'il y ait un petit espace dans la même ligne, qui se trouve comme *fermée* par le mot suivant. Les parachot ouvertes indiquent une division plus marquée dans le sens.

On trouve, à la fin des Bibles hébraïques, l'explication des signes ou annotations que l'on rencontre au bas de chaque page du livre.

Paradigmes.

		Kal. Transitiv.	Kal. Intransitiv.	Niphal.	Piël.
Prét. Sing. 3 m.		קָטַל	כָּבֵד	נִקְטַל	קִטֵּל
3 f.		קָטְלָה	כָּבְדָה	נִקְטְלָה	קִטְּלָה
2 m.		קָטַלְתָּ	כָּבַדְתָּ	נִקְטַלְתָּ	קִטַּלְתָּ
2 f.		קָטַלְתְּ	כָּבַדְתְּ	נִקְטַלְתְּ	קִטַּלְתְּ
1 c.		קָטַלְתִּי	כָּבַדְתִּי	נִקְטַלְתִּי	קִטַּלְתִּי
Plur. 3 c.		קָטְלוּ	כָּבְדוּ	נִקְטְלוּ	קִטְּלוּ
2 m.		קְטַלְתֶּם	כְּבַדְתֶּם	נִקְטַלְתֶּם	קִטַּלְתֶּם
2 f.		קְטַלְתֶּן	כְּבַדְתֶּן	נִקְטַלְתֶּן	קִטַּלְתֶּן
1 c.		קָטַלְנוּ	כָּבַדְנוּ	נִקְטַלְנוּ	קִטַּלְנוּ
Inf. absolu.		קָטוֹל		הִקָּטֹל ,נִקְטֹל	קַטֵּל
construit.		קְטֹל		הִקָּטֵל	קַטֵּל
Impér. Sing. 2 m.		קְטֹל	כְּבַד	הִקָּטֵל	קַטֵּל
2 f.		קִטְלִי	כִּבְדִי	הִקָּטְלִי	קַטְּלִי
Plur. 2 m.		קִטְלוּ	כִּבְדוּ	הִקָּטְלוּ	קַטְּלוּ
2 f.		קְטֹלְנָה	כְּבַדְנָה	הִקָּטַלְנָה	קַטֵּלְנָה
Fut. Sing. 3 m.		יִקְטֹל	יִכְבַּד	יִקָּטֵל	יְקַטֵּל
3 f.		תִּקְטֹל	תִּכְבַּד	תִּקָּטֵל	תְּקַטֵּל
2 m.		תִּקְטֹל	תִּכְבַּד	תִּקָּטֵל	תְּקַטֵּל
2 f.		תִּקְטְלִי	תִּכְבְּדִי	תִּקָּטְלִי	תְּקַטְּלִי
1 c.		אֶקְטֹל	אֶכְבַּד	אֶקָּטֵל	אֲקַטֵּל
Plur. 3 m.		יִקְטְלוּ	יִכְבְּדוּ	יִקָּטְלוּ	יְקַטְּלוּ
3 f.		תִּקְטֹלְנָה	תִּכְבַּדְנָה	תִּקָּטַלְנָה	תְּקַטֵּלְנָה
2 m.		תִּקְטְלוּ	תִּכְבְּדוּ	תִּקָּטְלוּ	תְּקַטְּלוּ
2 f.		תִּקְטֹלְנָה	תִּכְבַּדְנָה	תִּקָּטַלְנָה	תְּקַטֵּלְנָה
1 c.		נִקְטֹל	נִכְבַּד	נִקָּטֵל	נְקַטֵּל
Fut. apoc.					
Part. actif.		קֹטֵל		נִקְטָל	מְקַטֵּל
passif.		קָטוּל			

régulier.

Poual.	Hiphil.	Hophal.	Hithpaël.
קֻטַּל	הִקְטִיל	הָקְטַל	הִתְקַטֵּל
קֻטְּלָה	הִקְטִילָה	הָקְטְלָה	הִתְקַטְּלָה
קֻטַּלְתָּ	הִקְטַלְתָּ	הָקְטַלְתָּ	הִתְקַטַּלְתָּ
קֻטַּלְתְּ	הִקְטַלְתְּ	הָקְטַלְתְּ	הִתְקַטַּלְתְּ
קֻטַּלְתִּי	הִקְטַלְתִּי	הָקְטַלְתִּי	הִתְקַטַּלְתִּי
קֻטְּלוּ	הִקְטִילוּ	הָקְטְלוּ	הִתְקַטְּלוּ
קֻטַּלְתֶּם	הִקְטַלְתֶּם	הָקְטַלְתֶּם	הִתְקַטַּלְתֶּם
קֻטַּלְתֶּן	הִקְטַלְתֶּן	הָקְטַלְתֶּן	הִתְקַטַּלְתֶּן
קֻטַּלְנוּ	הִקְטַלְנוּ	הָקְטַלְנוּ	הִתְקַטַּלְנוּ

Poual.	Hiphil.	Hophal.	Hithpaël.
קֻטַּל	הַקְטִיל	הָקְטֵל	
קֻטַּל	הַקְטִיל	הָקְטַל	הִתְקַטֵּל

Poual.	Hiphil.	Hophal.	Hithpaël.
	הַקְטֵל		הִתְקַטֵּל
manque.	הַקְטִילִי	manque.	הִתְקַטְּלִי
	הַקְטִילוּ		הִתְקַטְּלוּ
	הַקְטֵלְנָה		הִתְקַטֵּלְנָה

Poual.	Hiphil.	Hophal.	Hithpaël.
יְקֻטַּל	יַקְטִיל	יָקְטַל	יִתְקַטֵּל
תְּקֻטַּל	תַּקְטִיל	תָּקְטַל	תִּתְקַטֵּל
תְּקֻטַּל	תַּקְטִיל	תָּקְטַל	תִּתְקַטֵּל
תְּקֻטְּלִי	תַּקְטִילִי	תָּקְטְלִי	תִּתְקַטְּלִי
אֲקֻטַּל	אַקְטִיל	אָקְטַל	אֶתְקַטֵּל
יְקֻטְּלוּ	יַקְטִילוּ	יָקְטְלוּ	יִתְקַטְּלוּ
תְּקֻטַּלְנָה	תַּקְטֵלְנָה	תָּקְטַלְנָה	תִּתְקַטֵּלְנָה
תְּקֻטְּלוּ	תַּקְטִילוּ	תָּקְטְלוּ	תִּתְקַטְּלוּ
תְּקֻטַּלְנָה	תַּקְטֵלְנָה	תָּקְטַלְנָה	תִּתְקַטֵּלְנָה
נְקֻטַּל	נַקְטִיל	נָקְטַל	נִתְקַטֵּל

Poual.	Hiphil.	Hophal.	Hithpaël.
	יַקְטֵל		
מְקֻטָּל	מַקְטִיל	מָקְטָל	מִתְקַטֵּל

II. verbe de la 1re gutturale.

	Kal.		*Niphal.*	*Hiphil.*	*Hophal.*
Pr. S. 3 *m.*	עָמַד		נֶעֱמַד	הֶעֱמִיד	הָעֳמַד
3 *f.*	עָמְדָה		נֶעֶמְדָה	הֶעֱמִידָה	הָעֳמְדָה
2 *m.*	עָמַ֫דְתָּ		נֶעֱמַדְתָּ	הֶעֱמַ֫דְתָּ	הָעֳמַדְתָּ
2 *f.*	עָמַדְתְּ		נֶעֱמַדְתְּ	הֶעֱמַדְתְּ	הָעֳמַדְתְּ
1 *c.*	עָמַ֫דְתִּי		נֶעֱמַ֫דְתִּי	הֶעֱמַ֫דְתִּי	הָעֳמַ֫דְתִּי
Pl. 3 *c.*	עָמְדוּ		נֶעֶמְדוּ	הֶעֱמִ֫ידוּ	הָעֳמְדוּ
2 *m.*	עֲמַדְתֶּם		נֶעֱמַדְתֶּם	הֶעֱמַדְתֶּם	הָעֳמַדְתֶּם
2 *f.*	עֲמַדְתֶּן		נֶעֱמַדְתֶּן	הֶעֱמַדְתֶּן	הָעֳמַדְתֶּן
1 *c.*	עָמַ֫דְנוּ		נֶעֱמַ֫דְנוּ	הֶעֱמַ֫דְנוּ	הָעֳמַ֫דְנוּ
Inf. absolu.	עָמוֹד		נַעֲמוֹד	הַעֲמֵיד	
Inf. constr.	עֲמֹד		הֵעָמֵד	הַעֲמִיד	הָעֳמֵד
Imp. S. 2 *m.*	עֲמֹד	חֲזַק	הֵעָמֵד	הַעֲמֵד	*manque.*
2 *f.*	עִמְדִי	חִזְקִי	הֵעָמְדִי	הַעֲמִ֫ידִי	
Pl. 2 *m.*	עִמְדוּ	חִזְקוּ	הֵעָמְדוּ	הַעֲמִ֫ידוּ	
2 *f.*	עֲמֹ֫דְנָה	חֲזֹקְנָה	הֵעָמַ֫דְנָה	הַעֲמֵ֫דְנָה	
Fut. S. 3 *m.*	יַעֲמֹד	יֶחֱזַק	יֵעָמֵד	יַעֲמִיד	יָעֳמַד
3 *f.*	תַּעֲמֹד	תֶּחֱזַק	תֵּעָמֵד	תַּעֲמִיד	תָּעֳמַד
2 *m.*	תַּעֲמֹד	תֶּחֱזַק	תֵּעָמֵד	תַּעֲמִיד	תָּעֳמַד
2 *f.*	תַּעַמְדִי	תֶּחֶזְקִי	תֵּעָמְדִי	תַּעֲמִ֫ידִי	תָּעֳמְדִי
1 *c.*	אֶעֱמֹד	אֶחֱזַק	אֵעָמֵד	אַעֲמִיד	אָעֳמַד
Pl. 3 *m.*	יַעַמְדוּ	יֶחֶזְקוּ	יֵעָמְדוּ	יַעֲמִ֫ידוּ	יָעֳמְדוּ
3 *f.*	תַּעֲמֹ֫דְנָה	תֶּחֱזַ֫קְנָה	תֵּעָמַ֫דְנָה	תַּעֲמֵ֫דְנָה	תָּעֳמַ֫דְנָה
2 *m.*	תַּעַמְדוּ	תֶּחֶזְקוּ	תֵּעָמְדוּ	תַּעֲמִ֫ידוּ	תָּעֳמְדוּ
2 *f.*	תַּעֲמֹ֫דְנָה	תֶּחֱזַ֫קְנָה	תֵּעָמַ֫דְנָה	תַּעֲמֵ֫דְנָה	תָּעֳמַ֫דְנָה
1 *c.*	נַעֲמֹד	נֶחֱזַק	נֵעָמֵד	נַעֲמִיד	נָעֳמַד
Fut. apoc.				יַעֲמֵד	
Part. a.	עֹמֵד		נֶעֱמָד	מַעֲמִיד	מָעֳמָד
Part. p.	עָמוּד				

III. verbe de la 2e gutturale.

Kal.	Niphal.	Piël.	Poual.	Hithpaël.
זָעַק	נִזְעַק	בֵּרַךְ	בֹּרַךְ	הִתְבָּרַךְ
זָעֲקָה	נִזְעֲקָה	בֵּרְכָה	בֹּרְכָה	הִתְבָּרְכָה
זָעַקְתָּ	נִזְעַקְתָּ	בֵּרַכְתָּ	בֹּרַכְתָּ	הִתְבָּרַכְתָּ
זָעַקְתְּ	נִזְעַקְתְּ	בֵּרַכְתְּ	בֹּרַכְתְּ	הִתְבָּרַכְתְּ
זָעַקְתִּי	נִזְעַקְתִּי	בֵּרַכְתִּי	בֹּרַכְתִּי	הִתְבָּרַכְתִּי
זָעֲקוּ	נִזְעֲקוּ	בֵּרְכוּ	בֹּרְכוּ	הִתְבָּרְכוּ
זְעַקְתֶּם	נִזְעַקְתֶּם	בֵּרַכְתֶּם	בֹּרַכְתֶּם	הִתְבָּרַכְתֶּם
זְעַקְתֶּן	נִזְעַקְתֶּן	בֵּרַכְתֶּן	בֹּרַכְתֶּן	הִתְבָּרַכְתֶּן
זָעַקְנוּ	נִזְעַקְנוּ	בֵּרַכְנוּ	בֹּרַכְנוּ	הִתְבָּרַכְנוּ
זָעוֹק	נִזְעוֹק	בָּרוֹךְ		
זְעֹק	הִזָּעֵק	בָּרֵךְ	בֹּרַךְ	הִתְבָּרֵךְ
זְעַק	הִזָּעֵק	בָּרֵךְ		הִתְבָּרֵךְ
זַעֲקִי	הִזָּעֲקִי	בָּרְכִי	*manque.*	הִתְבָּרְכִי
זַעֲקוּ	הִזָּעֲקוּ	בָּרְכוּ		הִתְבָּרְכוּ
זְעַקְנָה	הִזָּעַקְנָה	בָּרֵכְנָה		הִתְבָּרֵכְנָה
יִזְעַק	יִזָּעֵק	יְבָרֵךְ	יְבֹרַךְ	יִתְבָּרֵךְ
תִּזְעַק	תִּזָּעֵק	תְּבָרֵךְ	תְּבֹרַךְ	תִּתְבָּרֵךְ
תִּזְעַק	תִּזָּעֵק	תְּבָרֵךְ	תְּבֹרַךְ	תִּתְבָּרֵךְ
תִּזְעֲקִי	תִּזָּעֲקִי	תְּבָרְכִי	תְּבֹרְכִי	תִּתְבָּרְכִי
אֶזְעַק	אֶזָּעֵק	אֲבָרֵךְ	אֲבֹרַךְ	אֶתְבָּרֵךְ
יִזְעֲקוּ	יִזָּעֲקוּ	יְבָרְכוּ	יְבֹרְכוּ	יִתְבָּרְכוּ
תִּזְעַקְנָה	תִּזָּעַקְנָה	תְּבָרֵכְנָה	תְּבֹרַכְנָה	תִּתְבָּרֵכְנָה
תִּזְעֲקוּ	תִּזָּעֲקוּ	תְּבָרְכוּ	תְּבֹרְכוּ	תִּתְבָּרְכוּ
תִּזְעַקְנָה	תִּזָּעַקְנָה	תְּבָרֵכְנָה	תְּבֹרַכְנָה	תִּתְבָּרֵכְנָה
נִזְעַק	נִזָּעֵק	נְבָרֵךְ	נְבֹרַךְ	נִתְבָּרֵךְ
זֹעֵק זָעוּק	נִזְעָק	מְבָרֵךְ	מְבֹרָךְ	מִתְבָּרֵךְ

IV. verbe de la

Prét.		Kal.	Niphal.	Piël.
Prét.	Sing. 3 m.	שָׁלַח	נִשְׁלַח	שִׁלַּח
	3 f.	שָׁלְחָה	נִשְׁלְחָה	שִׁלְּחָה
	2 m.	שָׁלַחְתָּ	נִשְׁלַחְתָּ	שִׁלַּחְתָּ
	2 f.	שָׁלַחַתְּ	נִשְׁלַחַתְּ	שִׁלַּחַתְּ
	1 c.	שָׁלַחְתִּי	נִשְׁלַחְתִּי	שִׁלַּחְתִּי
	Plur. 3 c.	שָׁלְחוּ	נִשְׁלְחוּ	שִׁלְּחוּ
	2 m.	שְׁלַחְתֶּם	נִשְׁלַחְתֶּם	שִׁלַּחְתֶּם
	2 f.	שְׁלַחְתֶּן	נִשְׁלַחְתֶּן	שִׁלַּחְתֶּן
	1 c.	שָׁלַחְנוּ	נִשְׁלַחְנוּ	שִׁלַּחְנוּ
Inf.	absolu.	שָׁלוֹחַ	נִשְׁלַח	שַׁלַּח
	construit.	שְׁלֹחַ	הִשָּׁלַח	שַׁלַּח
Impér.	Sing. 2 m.	שְׁלַח	הִשָּׁלַח	שַׁלַּח
	2 f.	שִׁלְחִי	הִשָּׁלְחִי	שַׁלְּחִי
	Plur. 2 m.	שִׁלְחוּ	הִשָּׁלְחוּ	שַׁלְּחוּ
	2 f.	שְׁלַחְנָה	הִשָּׁלַחְנָה	שַׁלַּחְנָה
Fut.	Sing. 3 m.	יִשְׁלַח	יִשָּׁלַח	יְשַׁלַּח
	3 f.	תִּשְׁלַח	תִּשָּׁלַח	תְּשַׁלַּח
	2 m.	תִּשְׁלַח	תִּשָּׁלַח	תְּשַׁלַּח
	2 f.	תִּשְׁלְחִי	תִּשָּׁלְחִי	תְּשַׁלְּחִי
	1 c.	אֶשְׁלַח	אֶשָּׁלַח	אֲשַׁלַּח
	Plur. 3 m.	יִשְׁלְחוּ	יִשָּׁלְחוּ	יְשַׁלְּחוּ
	3 f.	תִּשְׁלַחְנָה	תִּשָּׁלַחְנָה	תְּשַׁלַּחְנָה
	2 m.	תִּשְׁלְחוּ	תִּשָּׁלְחוּ	תְּשַׁלְּחוּ
	2 f.	תִּשְׁלַחְנָה	תִּשָּׁלַחְנָה	תְּשַׁלַּחְנָה
	1 c.	נִשְׁלַח	נִשָּׁלַח	נְשַׁלַּח
Fut.	apoc.			
Part.	actif.	שֹׁלֵחַ	נִשְׁלָח	מְשַׁלֵּחַ
	passif.	שָׁלוּחַ		

3e gutturale.

Poual.	Hiphil.	Hophal.	Hithpaël.
שֻׁלַּח	הִשְׁלִיחַ	הָשְׁלַח	הִשְׁתַּלַּח
שֻׁלְּחָה	הִשְׁלִיחָה	הָשְׁלְחָה	הִשְׁתַּלְּחָה
שֻׁלַּחְתָּ	הִשְׁלַחְתָּ	הָשְׁלַחְתָּ	הִשְׁתַּלַּחְתָּ
שֻׁלַּחַתְּ	הִשְׁלַחַתְּ	הָשְׁלַחַתְּ	הִשְׁתַּלַּחַתְּ
שֻׁלַּחְתִּי	הִשְׁלַחְתִּי	הָשְׁלַחְתִּי	הִשְׁתַּלַּחְתִּי
שֻׁלְּחוּ	הִשְׁלִיחוּ	הָשְׁלְחוּ	הִשְׁתַּלְּחוּ
שֻׁלַּחְתֶּם	הִשְׁלַחְתֶּם	הָשְׁלַחְתֶּם	הִשְׁתַּלַּחְתֶּם
שֻׁלַּחְתֶּן	הִשְׁלַחְתֶּן	הָשְׁלַחְתֶּן	הִשְׁתַּלַּחְתֶּן
שֻׁלַּחְנוּ	הִשְׁלַחְנוּ	הָשְׁלַחְנוּ	הִשְׁתַּלַּחְנוּ
	הַשְׁלֵחַ		
שֻׁלַּח	הַשְׁלִיחַ	הָשְׁלַח	הִשְׁתַּלַּח
	הַשְׁלֵחַ		הִשְׁתַּלַּח
	הַשְׁלִיחִי		הִשְׁתַּלְּחִי
manque.	הַשְׁלִיחוּ	manque.	הִשְׁתַּלְּחוּ
	הַשְׁלַחְנָה		הִשְׁתַּלַּחְנָה
יְשֻׁלַּח	יַשְׁלִיחַ	יֻשְׁלַח	יִשְׁתַּלַּח
תְּשֻׁלַּח	תַּשְׁלִיחַ	תֻּשְׁלַח	תִּשְׁתַּלַּח
תְּשֻׁלַּח	תַּשְׁלִיחַ	תֻּשְׁלַח	תִּשְׁתַּלַּח
תְּשֻׁלְּחִי	תַּשְׁלִיחִי	תֻּשְׁלְחִי	תִּשְׁתַּלְּחִי
אֲשֻׁלַּח	אַשְׁלִיחַ	אֻשְׁלַח	אֶשְׁתַּלַּח
יְשֻׁלְּחוּ	יַשְׁלִיחוּ	יֻשְׁלְחוּ	יִשְׁתַּלְּחוּ
תְּשֻׁלַּחְנָה	תַּשְׁלַחְנָה	תֻּשְׁלַחְנָה	תִּשְׁתַּלַּחְנָה
תְּשֻׁלְּחוּ	תַּשְׁלִיחוּ	תֻּשְׁלְחוּ	תִּשְׁתַּלְּחוּ
תְּשֻׁלַּחְנָה	תַּשְׁלַחְנָה	תֻּשְׁלַחְנָה	תִּשְׁתַּלַּחְנָה
נְשֻׁלַּח	נַשְׁלִיחַ	נֻשְׁלַח	נִשְׁתַּלַּח
	יַשְׁלַח		
מְשֻׁלָּח	מַשְׁלִיחַ	מָשְׁלָח	מִשְׁתַּלַּח

V. verbe défectif Pé-Noun.

		Kal.	Niphal.	Hiphil.	Hophal.
Prét.	Sing. 3 m.	נָגַשׁ	נִגַּשׁ	הִגִּישׁ	הֻגַּשׁ
	3 f.	נָגְשָׁה	נִגְּשָׁה	הִגִּישָׁה	הֻגְּשָׁה
	2 m.	נָגַשְׁתָּ	נִגַּשְׁתָּ	הִגַּשְׁתָּ	הֻגַּשְׁתָּ
	2 f.	נָגַשְׁתְּ	נִגַּשְׁתְּ	הִגַּשְׁתְּ	הֻגַּשְׁתְּ
	1 c.	נָגַשְׁתִּי	נִגַּשְׁתִּי	הִגַּשְׁתִּי	הֻגַּשְׁתִּי
	Plur. 3 c.	נָגְשׁוּ	נִגְּשׁוּ	הִגִּישׁוּ	הֻגְּשׁוּ
	2 m.	נְגַשְׁתֶּם	נִגַּשְׁתֶּם	הִגַּשְׁתֶּם	הֻגַּשְׁתֶּם
	2 f.	נְגַשְׁתֶּן	נִגַּשְׁתֶּן	הִגַּשְׁתֶּן	הֻגַּשְׁתֶּן
	1 c.	נָגַשְׁנוּ	נִגַּשְׁנוּ	הִגַּשְׁנוּ	הֻגַּשְׁנוּ
Inf.	absolu.	נָגוֹשׁ	הִנָּגֹשׁ	הַגֵּשׁ	
	construit.	גֶּשֶׁת	הִנָּגֵשׁ	הַגִּישׁ	הֻגַּשׁ
Impér.	Sing. 2 m.	גַּשׁ	הִנָּגֵשׁ	הַגֵּשׁ	
	2 f.	גְּשִׁי	הִנָּגְשִׁי	הַגִּישִׁי	*manque.*
	Plur. 2 m.	גְּשׁוּ	הִנָּגְשׁוּ	הַגִּישׁוּ	
	2 f.	גַּשְׁנָה	הִנָּגַשְׁנָה	הַגֵּשְׁנָה	
Fut.	Sing. 3 m.	יִגַּשׁ	יִנָּגֵשׁ	יַגִּישׁ	יֻגַּשׁ
	3 f.	תִּגַּשׁ	תִּנָּגֵשׁ	תַּגִּישׁ	תֻּגַּשׁ
	2 m.	תִּגַּשׁ	תִּנָּגֵשׁ	תַּגִּישׁ	תֻּגַּשׁ
	2 f.	תִּגְּשִׁי	תִּנָּגְשִׁי	תַּגִּישִׁי	תֻּגְּשִׁי
	1 c.	אֶגַּשׁ	אֶנָּגֵשׁ	אַגִּישׁ	אֻגַּשׁ
	Plur. 3 m.	יִגְּשׁוּ	יִנָּגְשׁוּ	יַגִּישׁוּ	יֻגְּשׁוּ
	3 f.	תִּגַּשְׁנָה	תִּנָּגַשְׁנָה	תַּגֵּשְׁנָה	תֻּגַּשְׁנָה
	2 m.	תִּגְּשׁוּ	תִּנָּגְשׁוּ	תַּגִּישׁוּ	תֻּגְּשׁוּ
	2 f.	תִּגַּשְׁנָה	תִּנָּגַשְׁנָה	תַּגֵּשְׁנָה	תֻּגַּשְׁנָה
	1 c.	נִגַּשׁ	נִנָּגֵשׁ	נַגִּישׁ	נֻגַּשׁ
Fut.	apoc. conversif.			יַגֵּשׁ	
Part.	actif.	נֹגֵשׁ	נִגָּשׁ	מַגִּישׁ	מֻגָּשׁ
	passif.	נָגוּשׁ			

VI. verbe quiescent Pé-Jod.

Kal.	*Niphal.*	*Hiphil.*	*Hophal.*
יָשַׁב	נוֹשַׁב	הוֹשִׁיב	הוּשַׁב
יָשְׁבָה	נוֹשְׁבָה	הוֹשִׁיבָה	הוּשְׁבָה
יָשַׁבְתָּ	נוֹשַׁבְתָּ	הוֹשַׁבְתָּ	הוּשַׁבְתָּ
יָשַׁבְתְּ	נוֹשַׁבְתְּ	הוֹשַׁבְתְּ	הוּשַׁבְתְּ
יָשַׁבְתִּי	נוֹשַׁבְתִּי	הוֹשַׁבְתִּי	הוּשַׁבְתִּי
יָשְׁבוּ	נוֹשְׁבוּ	הוֹשִׁיבוּ	הוּשְׁבוּ
יְשַׁבְתֶּם	נוֹשַׁבְתֶּם	הוֹשַׁבְתֶּם	הוּשַׁבְתֶּם
יְשַׁבְתֶּן	נוֹשַׁבְתֶּן	הוֹשַׁבְתֶּן	הוּשַׁבְתֶּן
יָשַׁבְנוּ	נוֹשַׁבְנוּ	הוֹשַׁבְנוּ	הוּשַׁבְנוּ

הוֹשֵׁב הוֹשִׁיב

Kal.		*Niphal.*	*Hiphil.*	*Hophal.*
יָשׁוֹב שֶׁבֶת	יְסֹד	הִוָּשֵׁב	הוֹשִׁיב	הוּשַׁב

Kal.		*Niphal.*	*Hiphil.*	*Hophal.*
שֵׁב	יְרַשׁ	הִוָּשֵׁב	הוֹשֵׁב	*manque.*
שְׁבִי	יִרְשִׁי	הִוָּשְׁבִי	הוֹשִׁיבִי	
שְׁבוּ	יִרְשׁוּ	הִוָּשְׁבוּ	הוֹשִׁיבוּ	
שֵׁבְנָה	יְרַשְׁנָה	הִוָּשַׁבְנָה	הוֹשֵׁבְנָה	

Kal.		*Niphal.*	*Hiphil.*	*Hophal.*
יֵשֵׁב	יִירַשׁ	יִוָּשֵׁב	יוֹשִׁיב	יוּשַׁב
תֵּשֵׁב	תִּירַשׁ	תִּוָּשֵׁב	תּוֹשִׁיב	תּוּשַׁב
תֵּשֵׁב	תִּירַשׁ	תִּוָּשֵׁב	תּוֹשִׁיב	תּוּשַׁב
תֵּשְׁבִי	תִּירְשִׁי	תִּוָּשְׁבִי	תּוֹשִׁיבִי	תּוּשְׁבִי
אֵשֵׁב	אִירַשׁ	אִוָּשֵׁב	אוֹשִׁיב	אוּשַׁב
יֵשְׁבוּ	יִירְשׁוּ	יִוָּשְׁבוּ	יוֹשִׁיבוּ	יוּשְׁבוּ
תֵּשֵׁבְנָה	תִּירַשְׁנָה	תִּוָּשַׁבְנָה	תּוֹשֵׁבְנָה	תּוּשַׁבְנָה
תֵּשְׁבוּ	תִּירְשׁוּ	תִּוָּשְׁבוּ	תּוֹשִׁיבוּ	תּוּשְׁבוּ
תֵּשֵׁבְנָה	תִּירַשְׁנָה	תִּוָּשַׁבְנָה	תּוֹשֵׁבְנָה	תּוּשַׁבְנָה
נֵשֵׁב	נִירַשׁ	נִוָּשֵׁב	נוֹשִׁיב	נוּשַׁב

Kal.	*Niphal.*	*Hiphil.*	*Hophal.*
		יוֹשֵׁב	
		וַיּוֹשֶׁב	
וַיֵּשֶׁב יֵשֵׁב יָשׁוֹב	נוֹשָׁב	מוֹשִׁיב	מוּשָׁב

VII. verbe

		Kal.	Kal.	Niphal.	Pôël.
Prét.	*Sing.* 3 *m.*	סַב		נָסַב	סוֹבֵב
	3 *f.*	סָֽבָּה		נָסַֽבָּה	סוֹבְבָה
	2 *m.*	סַבֹּֽותָ		נְסַבֹּֽותָ	סוֹבַֽבְתָּ
	2 *f.*	סַבֹּות		נְסַבֹּות	סוֹבַבְתְּ
	1 *c.*	סַבֹּֽותִי		נְסַבֹּֽותִי	סוֹבַֽבְתִּי
	Plur. 3 *c.*	סַֽבֹּו		נָסַֽבֹּו	סוֹבְבוּ
	2 *m.*	סַבֹּותֶם		נְסַבֹּותֶם	סוֹבַבְתֶּם
	2 *f.*	סַבֹּותֶן		נְסַבֹּותֶן	סוֹבַבְתֶּן
	1 *c.*	סַבֹּֽונוּ		נְסַבֹּֽונוּ	סוֹבַֽבְנוּ
Inf.	*absolu.*	סָבֹוב		הִסֹּוב	
	construit.	סֹב		הִסַּב	סוֹבֵב
Impér.	*Sing.* 2 *m.*	סֹב		הִסַּב	סוֹבֵב
	2 *f.*	סֹֽבִּי		הִסַּֽבִּי	סוֹבְבִי
	Plur. 2 *m.*	סֹֽבּוּ		הִסַּֽבּוּ	סוֹבְבוּ
	2 *f.*	סֻבֶּֽינָה		הִסַּבֶּֽינָה	סוֹבֵבְנָה
Fut.	*Sing.* 3 *m.*	יָסֹב	יִסֹּב	יִסַּב	יְסוֹבֵב
	3 *f.*	תָּסֹב	תִּסֹּב	תִּסַּב	תְּסוֹבֵב
	2 *m.*	תָּסֹב	תִּסֹּב	תִּסַּב	תְּסוֹבֵב
	2 *f.*	תָּסֹֽבִּי	תִּסֹּבִי	תִּסַּֽבִּי	תְּסוֹבְבִי
	1 *c.*	אָסֹב	אֶסֹּב	אֶסַּב	אֲסוֹבֵב
	Plur. 3 *m.*	יָסֹֽבּוּ	יִסֹּבוּ	יִסַּֽבּוּ	יְסוֹבְבוּ
	3 *f.*	תְּסֻבֶּֽינָה	תִּסֹּבְנָה	תִּסַּבֶּֽינָה	תְּסוֹבֵבְנָה
	2 *m.*	תָּסֹֽבּוּ	תִּסֹּבוּ	תִּסַּֽבּוּ	תְּסוֹבְבוּ
	2 *f.*	תְּסֻבֶּֽינָה	תִּסֹּבְנָה	תִּסַּבֶּֽינָה	תְּסוֹבֵבְנָה
	1 *c.*	נָסֹב	נִסֹּב	נִסַּב	נְסוֹבֵב
Fut.	*conversif.*	וַיָּֽסָב	(vayiâsob)		
Fut.	*avec suffix.*	יְסֻבֶּֽנִי			יְסוֹבְבֵֽנִי
Part.	*actif.*	סוֹבֵב		נָסָב	מְסוֹבֵב
	passif.	סָבוּב			

défectiv Aïn-Aïn.

Pôal.	Hiphil.	Hophal.	Hithpôël.
סוֹבֵב	הֵסַב	הוּסַב	הִסְתּוֹבֵב
סוֹבְבָה	הֵסַבָּה	הוּסַבָּה	הִסְתּוֹבְבָה
סוֹבַבְתָּ	הֲסִבּוֹת	הוּסַבּוֹת	הִסְתּוֹבַבְתָּ
סוֹבַבְתְּ	הֲסִבּוֹת	הוּסַבּוֹת	הִסְתּוֹבַבְתְּ
סוֹבַבְתִּי	הֲסִבּוֹתִי	הוּסַבּוֹתִי	הִסְתּוֹבַבְתִּי
סוֹבְבוּ	הֵסַבּוּ	הוּסַבּוּ	הִסְתּוֹבְבוּ
סוֹבַבְתֶּם	הֲסִבּוֹתָם	הוּסַבּוֹתָם	הִסְתּוֹבַבְתֶּם
סוֹבַבְתֶּן	הֲסִבּוֹתֶן	הוּסַבּוֹתֶן	הִסְתּוֹבַבְתֶּן
סוֹבַבְנוּ	הֲסִבּוֹנוּ	הוּסַבּוֹנוּ	הִסְתּוֹבַבְנוּ

Pôal.	Hiphil.	Hophal.	Hithpôël.
סוֹבֵב	הָסֵב	הוּסַב	הִסְתּוֹבֵב

Pôal.	Hiphil.	Hophal.	Hithpôël.
	הָסֵב		הִסְתּוֹבֵב
manque.	הָסֵבִּי	manque.	הִסְתּוֹבְבִי
	הָסֵבּוּ		הִסְתּוֹבְבוּ
	הֲסִבֶּינָה		הִסְתּוֹבֵבְנָה

Pôal.	Hiphil.	Hophal.	Hithpôël.
יְסוֹבֵב	יָסֵב	יוּסַב	יִסְתּוֹבֵב
תְּסוֹבֵב	תָּסֵב	תּוּסַב	תִּסְתּוֹבֵב
תְּסוֹבֵב	תָּסֵב	תּוּסַב	תִּסְתּוֹבֵב
תְּסוֹבְבִי	תָּסֵבִּי	תּוּסַבִּי	תִּסְתּוֹבְבִי
אֲסוֹבֵב	אָסֵב	אוּסַב	אֶסְתּוֹבֵב
יְסוֹבְבוּ	יָסֵבּוּ	יוּסַבּוּ	יִסְתּוֹבְבוּ
תְּסוֹבַבְנָה	תְּסִבֶּינָה	תּוּסַבֶּינָה	תִּסְתּוֹבַבְנָה
תְּסוֹבְבוּ	תָּסֵבּוּ	תּוּסַבּוּ	תִּסְתּוֹבְבוּ
תְּסוֹבַבְנָה	תְּסִבֶּינָה	תּוּסַבֶּינָה	תִּסְתּוֹבַבְנָה
נְסוֹבֵב	נָסֵב	נוּסַב	נִסְתּוֹבֵב

Pôal.	Hiphil.	Hophal.	Hithpôël.
	וַיָּסֵב		
	יְסַבֵּנִי יְסִבְּכֶם		
מְסוֹבֵב	מֵסֵב	מוּסַב	מִסְתּוֹבֵב

VIII. A. verbe quiescent Aïn-Vav.

		Kal.	Niphal.	Hiphil.	Hophal.
Prét.	Sing. 3 m.	קָם	נָקוֹם	הֵקִים	הוּקַם
	3 f.	קָֹמָה	נָקֹומָה	הֵקִימָה	הוּקְמָה
	2 m.	קַֹמְתָּ	נְקוּמֹותָ	הֲקִימֹותָ	הוּקַמְתָּ
	2 f.	קַמְתְּ	נְקוּמוֹת	הֲקִימוֹת	הוּקַמְתְּ
	1 c.	קַֹמְתִּי	נְקוּמֹותִי	הֲקִימֹותִי	הוּקַמְתִּי
	Plur. 3 c.	קָֹמוּ	נָקֹומוּ	הֵקִימוּ	הוּקְמוּ
	2 m.	קַמְתֶּם	נְקוּמֹותֶם	הֲקִימֹותֶם	הוּקַמְתֶּם
	2 f.	קַמְתֶּן	נְקוּמֹותֶן	הֲקִימֹותֶן	הוּקַמְתֶּן
	1 c.	קַֹמְנוּ	נְקוּמֹונוּ	הֲקִימֹונוּ	הוּקַֹמְנוּ
Inf.	absolu.	קוֹם		הָקֵים הָקֵם	
	construit.	קוּם	הִקּוֹם	הָקִים	הוּקַם
Impér.	Sing. 2 m.	קוּם	הִקּוֹם	הָקֵים	
	2 f.	קֹומִי	הִקֹּומִי	הָקֹימִי	manque.
	Plur. 2 m.	קֹומוּ	הִקֹּומוּ	הָקֹימוּ	
	2 f.	קֹֹמְנָה	הִקֹֹּמְנָה	הָקֵֹמְנָה	
Fut.	Sing. 3 m.	יָקוּם	יִקּוֹם	יָקִים	יוּקַם
	3 f.	תָּקוּם	תִּקּוֹם	תָּקִים	תּוּקַם
	2 m.	תָּקוּם	תִּקּוֹם	תָּקִים	תּוּקַם
	2 f.	תָּקֹוֹמִי	תִּקֹּוֹמִי	תָּקִֹימִי	תּוּקְמִי
	1 c.	אָקוּם	אֶקּוֹם	אָקִים	אוּקַם
	Plur. 3 m.	יָקֹֹומוּ	יִקֹּומוּ	יָקִֹימוּ	יוּקְמוּ
	3 f.	תְּקוּמֶֽינָה	תִּקֹֹמְנָה	תָּקֵֹמְנָה	תּוּקַֹמְנָה
	2 m.	תָּקֹֹומוּ	תִּקֹּומוּ	תָּקִֹימוּ	תּוּקְמוּ
	2 f.	תְּקוּמֶֽינָה	תִּקֹּמְנָה	תָּקֵֹמְנָה	תּוּקַֹמְנָה
	1 c.	נָקוּם	נִקּוֹם	נָקִים	נוּקַם
Fut.	apoc.	יָקֹם		יָקֵם	
	conversif.	וַיָּקָם, וַיָּקֹם		וַיָּקֶם	
Fut.	avec suffixe.	יְקוּמֶֽנִי		יְקִימֵֽנִי	
Part.	actif.	קָם	נָקוֹם	מֵקִים	מוּקָם
	passif.	קוּם			

B. verbe quiescent Aïn-Jod.

Pôlel.	Pôlal.	Kal.		Niphal.
קוֹמֵם	קוֹמַם	בֵּן	בִּין	נָבוֹן
קוֹמְמָה	קוֹמְמָה	בֵּנָה	בִּינָה	נָבוֹנָה
קוֹמַ֫מְתָּ	קוֹמַ֫מְתָּ	בַּ֫נְתָּ	בִּינוֹתָ	נְבוּנוֹתָ
קוֹמַמְתְּ	קוֹמַמְתְּ	בַּנְתְּ	בִּינוֹת	נְבוּנוֹת
קוֹמַ֫מְתִּי	קוֹמַ֫מְתִּי	בַּ֫נְתִּי	בִּינוֹתִי	נְבוּנוֹתִי
קוֹמְמוּ	קוֹמְמוּ	בָּ֫נוּ	בִּ֫ינוּ	נָבוֹנוּ
קוֹמַמְתֶּם	קוֹמַמְתֶּם	בַּנְתֶּם	בִּינוֹתֶם	נְבוּנוֹתֶם
קוֹמַמְתֶּן	קוֹמַמְתֶּן	בַּנְתֶּן	בִּינוֹתֶן	נְבוּנוֹתֶן
קוֹמַ֫מְנוּ	קוֹמַ֫מְנוּ	בַּ֫נּוּ	בִּינוֹנוּ	נְבוּנוֹנוּ

Pôlel.	Pôlal.	Kal.	Niphal.
		בֵּן	
קוֹמֵם	קוֹמַם	בִּין	הִבּוֹן

Pôlel.	Pôlal.	Kal.	Niphal.
קוֹמֵם		בִּין	הִבּוֹן
קוֹמְמִי	*manque.*	בִּ֫ינִי	הִבּ֫וֹנִי
קוֹמְמוּ		בִּ֫ינוּ	הִבּ֫וֹנוּ
קוֹמֵ֫מְנָה		—	הִבָּ֫נְנָה

Pôlel.	Pôlal.	Kal.	Niphal.
יְקוֹמֵם	יְקוֹמַם	יָבִין	יִבּוֹן
תְּקוֹמֵם	תְּקוֹמַם	תָּבִין	תִּבּוֹן
תְּקוֹמֵם	תְּקוֹמַם	תָּבִין	תִּבּוֹן
תְּקוֹמְמִי	תְּקוֹמְמִי	תָּבִ֫ינִי	תִּבּ֫וֹנִי
אֲקוֹמֵם	אֲקוֹמַם	אָבִין	אֶבּוֹן
יְקוֹמְמוּ	יְקוֹמְמוּ	יָבִ֫ינוּ	יִבּ֫וֹנוּ
תְּקוֹמֵ֫מְנָה	תְּקוֹמֵ֫מְנָה	תְּבִינָ֫ינָה	תִּבּוֹנָ֫נָה
תְּקוֹמְמוּ	תְּקוֹמְמוּ	תָּבִ֫ינוּ	תִּבּ֫וֹנוּ
תְּקוֹמֵ֫מְנָה	תְּקוֹמֵ֫מְנָה	תְּבִינָ֫ינָה	תִּבּוֹנָ֫נָה
נְקוֹמֵם	נְקוֹמַם	נָבִין	נִבּוֹן

Pôlel.	Pôlal.	Kal.	Niphal.
מְקוֹמֵם	מְקוֹמָם	בֵּן / בָּן	נָבוֹן

IX. verbe

			Kal.	*Niphal.*	*Piël.*
Prét.	*Sing.*	3 *m.*	מָצָא	נִמְצָא	מִצֵּא
		3 *f.*	מָצְאָה	נִמְצְאָה	מִצְּאָה
		2 *m.*	מָצָאתָ	נִמְצֵאתָ	מִצֵּאתָ
		2 *f.*	מָצָאת	נִמְצֵאת	מִצֵּאת
		1 *c.*	מָצָאתִי	נִמְצֵאתִי	מִצֵּאתִי
	Plur.	3 *c.*	מָצְאוּ	נִמְצְאוּ	מִצְּאוּ
		2 *m.*	מְצָאתֶם	נִמְצֵאתֶם	מִצֵּאתֶם
		2 *f.*	מְצָאתֶן	נִמְצֵאתֶן	מִצֵּאתֶן
		1 *c.*	מָצָאנוּ	נִמְצֵאנוּ	מִצֵּאנוּ
Inf.	*absolu.*		מָצוֹא	נִמְצֹא	מַצֵּא
	construit.		מְצֹא	הִמָּצֵא	מַצֵּא
Impér.	*Sing.*	2 *m.*	מְצָא	הִמָּצֵא	מַצֵּא
		2 *f.*	מִצְאִי	הִמָּצְאִי	מַצְּאִי
	Plur.	2 *m.*	מִצְאוּ	הִמָּצְאוּ	מַצְּאוּ
		2 *f.*	מְצֶאנָה	הִמָּצֶאנָה	מַצֶּאנָה
Fut.	*Sing.*	3 *m.*	יִמְצָא	יִמָּצֵא	יְמַצֵּא
		3 *f.*	תִּמְצָא	תִּמָּצֵא	תְּמַצֵּא
		2 *m.*	תִּמְצָא	תִּמָּצֵא	תְּמַצֵּא
		2 *f.*	תִּמְצְאִי	תִּמָּצְאִי	תְּמַצְּאִי
		1 *c.*	אֶמְצָא	אֶמָּצֵא	אֲמַצֵּא
	Plur.	3 *m.*	יִמְצְאוּ	יִמָּצְאוּ	יְמַצְּאוּ
		3 *f.*	תִּמְצֶאנָה	תִּמָּצֶאנָה	תְּמַצֶּאנָה
		2 *m.*	תִּמְצְאוּ	תִּמָּצְאוּ	תְּמַצְּאוּ
		2 *f.*	תִּמְצֶאנָה	תִּמָּצֶאנָה	תְּמַצֶּאנָה
		1 *c.*	נִמְצָא	נִמָּצֵא	נְמַצֵּא
Fut. apoc.					
Fut. avec suffix.			יִמְצָאֵנִי		יְמַצְּאֵנִי
Part. actif.			מֹצֵא	נִמְצָא	מְמַצֵּא
	passif.		מָצוּא		

quiescent Lamed-Aleph.

Poual.	Hiphil.	Hophal.	Hithpaël.
מֻצָּא	הִמְצִיא	הֻמְצָא	הִתְמַצָּא
מֻצְּאָה	הִמְצִיאָה	הֻמְצְאָה	הִתְמַצְּאָה
מֻצֵּאתָ	הִמְצֵאתָ	הֻמְצֵאתָ	הִתְמַצֵּאתָ
מֻצֵּאת	הִמְצֵאת	הֻמְצֵאת	הִתְמַצֵּאת
מֻצֵּאתִי	הִמְצֵאתִי	הֻמְצֵאתִי	הִתְמַצֵּאתִי
מֻצְּאוּ	הִמְצִיאוּ	הֻמְצְאוּ	הִתְמַצְּאוּ
מֻצֵּאתֶם	הִמְצֵאתֶם	הֻמְצֵאתֶם	הִתְמַצֵּאתֶם
מֻצֵּאתֶן	הִמְצֵאתֶן	הֻמְצֵאתֶן	הִתְמַצֵּאתֶן
מֻצֵּאנוּ	הִמְצֵאנוּ	הֻמְצֵאנוּ	הִתְמַצֵּאנוּ
	הַמְצֵא		
מְצָא	הַמְצִיא	הֻמְצָא	הִתְמַצֵּא
	הַמְצֵא		הִתְמַצֵּא
manque.	הַמְצִיאִי	manque.	הִתְמַצְּאִי
	הַמְצִיאוּ		הִתְמַצְּאוּ
	הַמְצֶאנָה		הִתְמַצֶּאנָה
יְמֻצָּא	יַמְצִיא	יֻמְצָא	יִתְמַצָּא
תְּמֻצָּא	תַּמְצִיא	תֻּמְצָא	תִּתְמַצָּא
תְּמֻצָּא	תַּמְצִיא	תֻּמְצָא	תִּתְמַצָּא
תְּמֻצְּאִי	תַּמְצִיאִי	תֻּמְצְאִי	תִּתְמַצְּאִי
אֲמֻצָּא	אַמְצִיא	אֻמְצָא	אֶתְמַצָּא
יְמֻצְּאוּ	יַמְצִיאוּ	יֻמְצְאוּ	יִתְמַצְּאוּ
תְּמֻצֶּאנָה	תַּמְצֶאנָה	תֻּמְצֶאנָה	תִּתְמַצֶּאנָה
תְּמֻצְּאוּ	תַּמְצִיאוּ	תֻּמְצְאוּ	תִּתְמַצְּאוּ
תְּמֻצֶּאנָה	תַּמְצֶאנָה	תֻּמְצֶאנָה	תִּתְמַצֶּאנָה
נְמֻצָּא	נַמְצִיא	נֻמְצָא	נִתְמַצָּא
	יַמְצֵא		
	וַיַּמְצִיאֵנִי		
מְמֻצָּא	מַמְצִיא	מֻמְצָא	מִתְמַצֵּא

X. verbe

		Kal.	Niphal.	Piël.
Prét.	Sing. 3 m.	גָּלָה	נִגְלָה	גִּלָּה
	3 f.	גָּלְתָה	נִגְלְתָה	גִּלְּתָה
	2 m.	גָּלִיתָ	נִגְלֵיתָ	גִּלִּיתָ
	2 f.	גָּלִית	נִגְלֵית	גִּלִּית
	1 c.	גָּלִיתִי	נִגְלֵיתִי	גִּלִּיתִי
	Plur. 3 c.	גָּלוּ	נִגְלוּ	גִּלּוּ
	2 m.	גְּלִיתֶם	נִגְלֵיתֶם	גִּלִּיתֶם
	2 f.	גְּלִיתֶן	נִגְלֵיתֶן	גִּלִּיתֶן
	1 c.	גָּלִינוּ	נִגְלֵינוּ	גִּלִּינוּ
Inf.	absolu.	גָּלֹה (poét. גָּלֹו)	נִגְלֹה	גַּלֹּה
	construit.	גְּלוֹת	הִגָּלוֹת	גַּלּוֹת
Impér.	Sing. 2 m.	גְּלֵה	הִגָּלֵה	גַּלֵּה
	2 f.	גְּלִי	הִגָּלִי	גַּלִּי
	Plur. 2 m.	גְּלוּ	הִגָּלוּ	גַּלּוּ
	2 f.	גְּלֶינָה	הִגָּלֶינָה	גַּלֶּינָה
Fut.	Sing. 3 m.	יִגְלֶה	יִגָּלֶה	יְגַלֶּה
	3 f.	תִּגְלֶה	תִּגָּלֶה	תְּגַלֶּה
	2 m.	תִּגְלֶה	תִּגָּלֶה	תְּגַלֶּה
	2 f.	תִּגְלִי	תִּגָּלִי	תְּגַלִּי
	1 c.	אֶגְלֶה	אֶגָּלֶה	אֲגַלֶּה
	Plur. 3 m.	יִגְלוּ	יִגָּלוּ	יְגַלּוּ
	3 f.	תִּגְלֶינָה	תִּגָּלֶינָה	תְּגַלֶּינָה
	2 m.	תִּגְלוּ	תִּגָּלוּ	תְּגַלּוּ
	2 f.	תִּגְלֶינָה	תִּגָּלֶינָה	תְּגַלֶּינָה
	1 c.	נִגְלֶה	נִגָּלֶה	נְגַלֶּה
Fut.	apoc.	יִגֶל	יִגָּל	יְגַל
Fut.	avec suffixe.	יִגְלֵנִי		יְגַלֵּנִי
Part.	actif.	גֹּלֶה	נִגְלֶה	מְגַלֶּה
	passif.	גָּלוּי		

quiescent Lamed-Hé.

Poual.	Hiphil.	Hophal.	Hithpaël.
גֻּלָּה	הִגְלָה	הָגְלָה	הִתְגַּלָּה
גֻּלְּתָה	הִגְלְתָה	הָגְלְתָה	הִתְגַּלְּתָה
גֻּלֵּיתָ	הִגְלֵיתָ	הָגְלֵיתָ	הִתְגַּלֵּיתָ
גֻּלֵּית	הִגְלֵית	הָגְלֵית	הִתְגַּלֵּית
גֻּלֵּיתִי	הִגְלֵיתִי	הָגְלֵיתִי	הִתְגַּלֵּיתִי
גֻּלּוּ	הִגְלוּ	הָגְלוּ	הִתְגַּלּוּ
גֻּלֵּיתֶם	הִגְלֵיתֶם	הָגְלֵיתֶם	הִתְגַּלֵּיתֶם
גֻּלֵּיתֶן	הִגְלֵיתֶן	הָגְלֵיתֶן	הִתְגַּלֵּיתֶן
גֻּלֵּינוּ	הִגְלֵינוּ	הָגְלֵינוּ	הִתְגַּלֵּינוּ
גֻּלֹּה	הַגְלֵה	הָגְלֵה	הִתְגַּלֹּה
גֻּלּוֹת	הַגְלוֹת	הָגְלוֹת	הִתְגַּלּוֹת
manque.	הַגְלֵה	*manque.*	הִתְגַּלֵּה
	הַגְלִי		הִתְגַּלִּי
	הַגְלוּ		הִתְגַּלּוּ
	הַגְלֶינָה		הִתְגַּלֶּינָה
יְגֻלֶּה	יַגְלֶה	יָגְלֶה	יִתְגַּלֶּה
תְּגֻלֶּה	תַּגְלֶה	תָּגְלֶה	תִּתְגַּלֶּה
תְּגֻלֶּה	תַּגְלֶה	תָּגְלֶה	תִּתְגַּלֶּה
תְּגֻלִּי	תַּגְלִי	תָּגְלִי	תִּתְגַּלִּי
אֲגֻלֶּה	אַגְלֶה	אָגְלֶה	אֶתְגַּלֶּה
יְגֻלּוּ	יַגְלוּ	יָגְלוּ	יִתְגַּלּוּ
תְּגֻלֶּינָה	תַּגְלֶינָה	תָּגְלֶינָה	תִּתְגַּלֶּינָה
תְּגֻלּוּ	תַּגְלוּ	תָּגְלוּ	תִּתְגַּלּוּ
תְּגֻלֶּינָה	תַּגְלֶינָה	תָּגְלֶינָה	תִּתְגַּלֶּינָה
נְגֻלֶּה	נַגְלֶה	נָגְלֶה	נִתְגַּלֶּה
	יֶגֶל		יִתְגַּל
	וַיַּגְלֵנִי		
מְגֻלֶּה	מַגְלֶה	מָגְלֶה	מִתְגַּלֶּה

XI. Tableau synoptique du

		Verbe régulier	Verbe 1re gutturale.	Verbe 2e gutturale.	Verbe 3e gutturale.	Verbe défectif פ״ן.
Kal	Prét.	קָטַל	עָמַד	זָעַק	שָׁלַח	נָגַשׁ
	Inf. constr.	קְטֹל	עֲמֹד	זְעֹק	שְׁלֹחַ	גֶּשֶׁת
	Fut.	יִקְטֹל	יַעֲמֹד	יִזְעַק	יִשְׁלַח	יִגַּשׁ
Niphal	Prét.	נִקְטַל	נֶעֱמַד	נִזְעַק	נִשְׁלַח	נִגַּשׁ
	Inf. constr.	הִקָּטֵל	הֵעָמֵד	הִזָּעֵק	הִשָּׁלֵחַ	הִנָּגֵשׁ
	Fut.	יִקָּטֵל	יֵעָמֵד	יִזָּעֵק	יִשָּׁלַח	יִנָּגֵשׁ
Piel	Prét.	קִטֵּל	עִמֵּד	בֵּרֵךְ	שִׁלַּח	נִגַּשׁ
	Inf. constr.	קַטֵּל	עַמֵּד	בָּרֵךְ	שַׁלַּח	נַגֵּשׁ
	Fut.	יְקַטֵּל	יְעַמֵּד	יְבָרֵךְ	יְשַׁלַּח	יְנַגֵּשׁ
Poual	Prét.	קֻטַּל	עֻמַּד	בֹּרַךְ	שֻׁלַּח	נֻגַּשׁ
	Inf. constr.	קֻטַּל	עֻמַּד	בֹּרַךְ	שֻׁלַּח	נֻגַּשׁ
	Fut.	יְקֻטַּל	יְעֻמַּד	יְבֹרַךְ	יְשֻׁלַּח	יְנֻגַּשׁ
Hiphil	Prét.	הִקְטִיל	הֶעֱמִיד	הִזְעִיק	הִשְׁלִיחַ	הִגִּישׁ
	Inf. constr.	הַקְטִיל	הַעֲמִיד	הַזְעִיק	הַשְׁלִיחַ	הַגִּישׁ
	Fut.	יַקְטִיל	יַעֲמִיד	יַזְעִיק	יַשְׁלִיחַ	יַגִּישׁ
Hophal	Prét.	הָקְטַל	הָעֳמַד	הָזְעַק	הָשְׁלַח	הֻגַּשׁ
	Inf. constr.	הָקְטַל	הָעֳמַד	הָזְעַק	הָשְׁלַח	הֻגַּשׁ
	Fut.	יָקְטַל	יָעֳמַד	יָזְעַק	יָשְׁלַח	יֻגַּשׁ
Hithpaël	Prét.	הִתְקַטֵּל	הִתְעַמֵּד	הִתְבָּרֵךְ	הִשְׁתַּלֵּחַ	הִתְנַגֵּשׁ
	Inf. constr.	הִתְקַטֵּל	הִתְעַמֵּד	הִתְבָּרֵךְ	הִשְׁתַּלֵּחַ	הִתְנַגֵּשׁ
	Fut.	יִתְקַטֵּל	יִתְעַמֵּד	יִתְבָּרֵךְ	יִשְׁתַּלֵּחַ	יִתְנַגֵּשׁ

verbe régulier et irrégulier.

Verbe quiescent פ"י	Verbe défectif ע"ע	Verbe quiescent ע"ו	Verbe quiescent ע"י	Verbe quiescent ל"א	Verbe quiescent ל"ה
יָשַׁב	סַב	קָם	בִּין	מָצָא	גָּלָה
שֶׁבֶת	סֹב	קוּם	בִּין	מְצֹא	גְּלוֹת
יֵשֵׁב	יָסֹב	יָקוּם	יָבִין	יִמְצָא	יִגְלֶה
נוֹשַׁב	נָסַב	נָקוֹם	נָבוֹן	נִמְצָא	נִגְלָה
הִוָּשֵׁב	הִסַּב	הִקּוֹם	הִבּוֹן	הִמָּצֵא	הִגָּלוֹת
יִוָּשֵׁב	יִסַּב	יִקּוֹם	יִבּוֹן	יִמָּצֵא	יִגָּלֶה
יִשֵּׁב	סוֹבֵב	קוֹמֵם	בּוֹנֵן	מִצֵּא	גִּלָּה
יַשֵּׁב	סוֹבֵב	קוֹמֵם	בּוֹנֵן	מַצֵּא	גַּלּוֹת
יְיַשֵּׁב	יְסוֹבֵב	יְקוֹמֵם	יְבוֹנֵן	יְמַצֵּא	יְגַלֶּה
יֻשַּׁב	סוֹבַב	קוֹמַם	בּוֹנַן	מֻצָּא	גֻּלָּה
יֻשַּׁב	סוֹבַב	קוֹמַם	בּוֹנַן	מֻצָּא	גֻּלּוֹת
יְיֻשַּׁב	יְסוֹבַב	יְקוֹמַם	יְבוֹנַן	יְמֻצָּא	יְגֻלֶּה
הוֹשִׁיב	הֵסַב	הֵקִים	הֵבִין	הִמְצִיא	הִגְלָה
הוֹשִׁיב	הָסֵב	הָקִים	הָבִין	הַמְצִיא	הִגְלוֹת
יוֹשִׁיב	יָסֵב	יָקִים	יָבִין	יַמְצִיא	יַגְלֶה
הוּשַׁב	הוּסַב	הוּקַם	הוּבַן	הָמְצָא	הָגְלָה
הוּשַׁב	הוּסַב	הוּקַם	הוּבַן	הָמְצָא	הָגְלוֹת
יוּשַׁב	יוּסַב	יוּקַם	יוּבַן	יָמְצָא	יָגְלֶה
הִתְיַשֵּׁב	הִסְתּוֹבֵב	הִתְקוֹמֵם	הִתְבּוֹנֵן	הִתְמַצֵּא	הִתְגַּלָּה
הִתְיַשֵּׁב	הִסְתּוֹבֵב	הִתְקוֹמֵם	הִתְבּוֹנֵן	הִתְמַצֵּא	הִתְגַּלּוֹת
יִתְיַשֵּׁב	יִסְתּוֹבֵב	יִתְקוֹמֵם	יִתְבּוֹנֵן	יִתְמַצֵּא	יִתְגַּלֶּה

XII. Pronoms

Pronoms isolés.	Suffixes du Verbe
	A. Formes ordinaires.
Sing. 1 *comm.* אָֽנֹכִי *con-tract.* אֲנִי, à la Pause אָ֫נִי } *je.*	נִי ; ‑ֵֽ‑ נִי ; ‑ַ֫‑ נִי, *me.*
2 *m.* אַתָּה (אַתְּ) à la Pause אָ֫תָּה } 2 *f.* אַתְּ (אַתִּי) } *tu.*	ךָ ‑ֶ‑ à la Pause ךָ ‑ָ֫‑ ; ךְ ‑ָ‑ ךְ ; ךְ ‑ִ‑ ; ךְ ‑ֶ‑ ; ךְ ‑ָ‑ } *te.*
3 *m.* הוּא *il.*	וֹ ; (הֹ) ; הוּ ‑ָֽ‑ ; וֹ ; רֹ ; הוּ הוּ ‑ֵ֫‑ } *lui.*
3 *f.* הִיא *elle.*	הָ ; ה ‑ָ‑ ; הָ ‑ֶ֫‑ *elle.*
Plur. 1. *comm.* אֲנַ֫חְנוּ } (אָ֫נוּ) (נַ֫חְנוּ) } *nous.*	נוּ , נוּ ‑ָ‑ ; נוּ ‑ֵ֫‑ *nous.*
2 *m.* אַתֶּם } 2 *f.* אַתֵּ֫נָה, אַתֵּן } *vous.*	כֶם ‑ְ‑ } כֶן ‑ְ‑ } *vous.*
3 *m.* הֵם, הֵ֫מָּה *ils.*	ם ‑ָ֫‑מוֹ , ם ‑ָ‑ , ם ‑ֵ‑ ; הֶם ‑ָ‑ , ם } ם ‑ֵ‑ , ם ‑ָ֫‑ מוֹ ‑ֵ֫‑ } *eux.*
3 *f.* הֵן, הֵ֫נָּה *elles.*	ן ; הֶן ‑ָ‑ , ן ‑ָ‑ ; ן ‑ֵ‑ *elles.*

---

1) Les pronoms suivis d'un astérisque ne sont employés que usités.

personnels.[1])

(Accusatif).	Suffixes du Nom. (Génitif).	
B. Avec Noun epenthétique.	A. Du Nom singulier.	B. Du Nom pluriel.
פִ ־ , פִי ־	י ־ de moi, mon — ma.	י ־ de moi, mes.
ךְ ־	ךְ ־ , à la Pause ךְ ־ ; ךְ , ךְ ־ } de toi, ton, ta.	יךְ ־ ; יךְ ־ } de toi, tes.
כוּ ־ , נוּ	הוּ , ךְ ; הוּ ־ ; וֹ (הֹ) } de lui. son, sa.	יו ־ , ָיו ־ , יהוּ ־ } de lui, ses.
פָה ־	הָ , ה ־ ; הָ ־ } d'elle, son, sa.	יהָ ־ d'elle, ses.
פוּ ־	נוּ ; כוּ ־ de nous, notre.	ינוּ ־ de nous, nos.
	כֶם ־ ; כֶן ־ } de vous, votre.	יכֶם ־ ; יכֶן ־ } de vous, vos.
	ם ־ , הֶם ; מוֹ ־ } d'eux, leur.	יהֶם ־ , ימוֹ ־ } d'eux, leurs.
	ן ־ , הֶן , הָן d'elles, leur.	יהָן ־ d'elles, leurs.

dans le style poétique: ceux qui sont entre parenthèse sont peu

XIII. verbe régulier

	1. Sing. comm.	2. Sing. m.	2. Sing. f.	3. Sing. m.
Prét. Kal. Sing. 3 m.	קְטָלַ֫נִי	קְטָלְךָ	קְטָלֵךְ	קְטָלָ֫הוּ / קְטָלוֹ
3 f.	קְטָלַ֫תְנִי	קְטָלַ֫תְךָ	קְטָלָ֫תֶךְ	קְטָלַ֫תְהוּ / קְטָלַ֫תּוּ
2 m.	קְטַלְתַּ֫נִי / קְטַלְתָּ֫נִי [1]	—	—	קְטַלְתָּ֫הוּ / קְטַלְתּוֹ
2 f.	קְטַלְתִּ֫ינִי	—	—	קְטַלְתִּ֫יהוּ / קְטַלְתִּיו
1 c.	—	קְטַלְתִּ֫יךָ	קְטַלְתִּ֫יךְ	קְטַלְתִּ֫יו
Plur. 3 c.	קְטָלֻ֫ונִי	קְטָלֻוךָ	קְטָלֻוךְ	קְטָלֻ֫והוּ
2 m.	קְטַלְתֻּ֫ונִי	—	—	קְטַלְתֻּ֫והוּ
1 c.	—	קְטַלְנֻ֫והָ	קְטַלְנֻוךָ	קְטַלְנֻ֫והוּ
Inf. Kal. — suff. du Nom.	קָטְלִי	קָטְלְךָ	קָטְלֵךְ	קָטְלוֹ
Inf. Kal. — suff. du Verbe.	קָטְלֵ֫נִי	קָטְלְךָ		
Impér. Kal.	קָטְלֵ֫נִי	—	—	קָטְלֵ֫הוּ
Fut. Kal. Sing. 3 m.	יִקְטְלֵ֫נִי	יִקְטָלְךָ	יִקְטְלֵךְ	יִקְטְלֵ֫הוּ
3 m. avec Noun épenth.	יִקְטְלֶ֫נִּי	יִקְטָלְךָ	—	יִקְטְלֶ֫נּוּ
Plur. 3 m.	יִקְטְל֫וּנִי	יִקְטְל֫וּךָ	יִקְטְל֫וּךְ	יִקְטְל֫וּהוּ
Prét. Piël.	קִטְּלַ֫נִי	קִטֶּלְךָ	קִטְּלֵךְ	קִטְּלוֹ

1) Les formes qui ne sont pas usitées sont remplacées par

avec suffixes.

3. Sing. f.	1. Plur. comm.	2. Plur. m.	2. Plur. f.	3. Plur. m.	3. Plur. f.
קְטָלָהּ	קְטָלָנוּ	קְטַלְכֶם	קְטַלְכֶן	קְטָלָם	קְטָלָן
קְטָלַתָּהּ	קְטָלַתְנוּ	קְטָלַתְכֶם	קְטָלַתְכֶן	קְטָלָתַם	קְטָלָתַן
קְטַלְתָּהּ	קְטַלְתָּנוּ	—	—	קְטַלְתָּם	קְטַלְתָּן
קְטַלְתִּיהָ	קְטַלְתִּינוּ	—	—	קְטַלְתִּים	קְטַלְתִּין
קְטַלְתִּיהָ	—	קְטַלְתִּיכֶם	קְטַלְתִּיכֶן	קְטַלְתִּים	קְטַלְתִּין
קְטָלוּהָ	קְטָלוּנוּ	קְטָלוּכֶם	קְטָלוּכֶן	קְטָלוּם	קְטָלוּן
קְטַלְתּוּהָ	קְטַלְתּוּנוּ	—	—	קְטַלְתּוּם	קְטַלְתּוּן
קְטַלְנוּהָ	—	קְטַלְנוּכֶם	קְטַלְנוּכֶן	קְטַלְנוּם	קְטַלְנוּן

3. Sing. f.	1. Plur. comm.	2. Plur. m.	2. Plur. f.	3. Plur. m.	3. Plur. f.
קָטְלָהּ	קָטְלֵנוּ	קָטְלְכֶם	קָטְלְכֶן	קָטְלָם	קָטְלָן

3. Sing. f.	1. Plur. comm.	2. Plur. m.	2. Plur. f.	3. Plur. m.	3. Plur. f.
{ קָטְלָהּ / קָטְלָה }	קָטְלֵנוּ	—	—	קָטְלֵם	—

3. Sing. f.	1. Plur. comm.	2. Plur. m.	2. Plur. f.	3. Plur. m.	3. Plur. f.
{ יִקְטְלָהָ / יִקְטְלָה }	יִקְטְלֵנוּ	יִקְטָלְכֶם	יִקְטָלְכֶן	יִקְטְלֵם	יִקְטְלֵן
יִקְטְלֶנָּה	יִקְטְלֶנּוּ	—	—	—	—
יִקְטְלוּהָ	יִקְטְלוּנוּ	יִקְטְלוּכֶם	יִקְטְלוּכֶן	יִקְטְלוּם	יִקְטְלוּן

3. Sing. f.	1. Plur. comm.	2. Plur. m.	2. Plur. f.	3. Plur. m.	3. Plur. f.
קָטְלָהּ	קָטְלֵנוּ	קָטְלְכֶם	קָטְלְכֶן	קָטְלָם	קָטְלָן

un trait.

Suffixes du Nom. singulier. A. *Nom invariable*

Masculin.

	Singulier.		Pluriel.	
1 c.	סוּסִי	mon cheval (cheval de moi)	סוּסֵׄנוּ	notre cheval (cheval de nous)
2 m.	סוּסְךָ	ton cheval	סוּסְכֶם	votre cheval
2 f.	סוּסֵךְ	ton cheval	סוּסְכֶן	votre cheval
3 m.	סוּסוֹ	son cheval	סוּסָם	leur cheval
3 f.	סוּסָהּ	son cheval	סוּסָן	leur cheval

Féminin.

	Singulier.		Pluriel.	
1 c.	סוּסָתִי	ma cavale (cavale de moi)	סוּסָתֵׄנוּ	notre cavale (cavale de nous)
2 m.	סוּסָתְךָ	ta cavale	סוּסַתְכֶם	votre cavale
2 f.	סוּסָתֵךְ	ta cavale	סוּסַתְכֶן	votre cavale
3 m.	סוּסָתוֹ	sa cavale	סוּסָתָם	leur cavale
3 f.	סוּסָתָהּ	sa cavale	סוּסָתָן	leur cavale

B. *Noms masculins avec Quâmeṣ et Ṣêré.*

	parole.	sage.	vieillard.	vestibule.
Sing. absolu.	דָּבָר	חָכָם	זָקֵן	חָצֵר
construit.	דְּבַר	חֲכַם	זְקַן	חֲצַר
avec suff. léger	דְּבָרִי	חֲכָמִי	זְקֵנִי	חֲצֵרִי
avec suff. grave	דְּבַרְכֶם	חֲכַמְכֶם	זְקַנְכֶם	חֲצַרְכֶם
Plur. absolu.	דְּבָרִים	חֲכָמִים	זְקֵנִים	חֲצֵרִים
(et duel) construit.	דִּבְרֵי	חַכְמֵי	זְקְנֵי	חַצְרֵי
avec suff. léger	דְּבָרַי	חֲכָמַי	זְקֵנַי	חֲצֵרַי
avec suff. grave	דִּבְרֵיכֶם	חַכְמֵיכֶם	זְקֵנֵיכֶם	חַצְרֵיכֶם
Duel absolu.	דְּבָרַׄיִם	חֲכָמַׄיִם	זְקָנַׄיִם	חֲצָרַׄיִם

suffixes.

avec suffixes.   Suffixes du Nom pluriel.

Masculin.

Singulier.	*Pluriel.*
סוּסַי mes chevaux (chevaux de moi)	סוּסֵינוּ nos chevaux (chevaux de nous)
סוּסֶיךָ tes chevaux	סוּסֵיכֶם vos chevaux
סוּסַיִךְ tes chevaux	סוּסֵיכֶן vos chevaux
סוּסָיו ses chevaux	סוּסֵיהֶם leurs chevaux
סוּסֶיהָ ses chevaux	סוּסֵיהֶן leurs chevaux

Féminin.

Singulier.	*Pluriel.*
סוּסוֹתַי mes cavales (cavales de moi)	סוּסוֹתֵינוּ nos cavales (cavales de nous)
סוּסוֹתֶיךָ tes cavales	סוּסוֹתֵיכֶם vos cavales
סוּסוֹתַיִךְ tes cavales	סוּסוֹתֵיכֶן vos cavales
סוּסוֹתָיו ses cavales	סוּסוֹתֵיהֶם leurs cavales
סוּסוֹתֶיהָ ses cavales	סוּסוֹתֵיהֶן leurs cavales

C. Noms féminins avec Quâmeṣ et Tséré.   D. Formes ségolées.

année.	justice.	sommeil.	roi.	livre.	sainteté.
שָׁנָה	צְדָקָה	שֵׁנָה	מֶלֶךְ	סֵפֶר	קֹדֶשׁ
שְׁנַת (1)	צִדְקַת	שְׁנַת	מֶלֶךְ	סֵפֶר	קֹדֶשׁ
שְׁנָתִי	צִדְקָתִי	שְׁנָתִי	מַלְכִּי	סִפְרִי	קָדְשִׁי
שְׁנַתְכֶם	צִדְקַתְכֶם	שְׁנַתְכֶם	מַלְכְּכֶם	סִפְרְכֶם	קָדְשְׁכֶם
שָׁנוֹת	צְדָקוֹת	שֵׁנוֹת	מְלָכִים	סְפָרִים	קֳדָשִׁים
שָׁנוֹת	צְדָקוֹת	שֵׁנוֹת	מַלְכֵי	סִפְרֵי	קָדְשֵׁי
שְׁנוֹתַי	etc.	etc.	מְלָכַי	סְפָרַי	קָדָשַׁי
שְׁנוֹתֵיכֶם			מַלְכֵיכֶם	סִפְרֵיכֶם	קָדְשֵׁיכֶם
שְׁנָתַיִם			מַלְכַּיִם	סְפָרַיִם	קָדָשַׁיִם

1) En poésie on ajoute qqf. l'affixe יָ — ou וֹ, ex. רַבָּתִי עָם pour רַבַּת עָם *pleine de peuple;* חַיְתוֹ־אָרֶץ *les bêtes de la terre.* (Vav et Iod paragogiques.)

	בְּ	כְּ	מִן	אֶת־	אֵת־	עִם	אֶל
	en	comme	de	signe d'Acc.	avec	avec	vers
Suff. de la 1 p. sing. c.	בִּי	כָּמוֹנִי	מִמֶּנִּי	אֹתִי	אִתִּי	עִמָּדִי⁶)	אֵלַי
„ „ „ plur. c.	בָּנוּ	כָּמוֹנוּ	מִמֶּנּוּ	אֹתָנוּ	אִתָּנוּ	עִמָּנוּ	אֵלֵינוּ
„ „ „ 2 p. sing. m.	בְּךָ¹)	כָּמוֹךָ	מִמְּךָ⁴)	אֹתְךָ	אִתְּךָ⁵)	עִמְּךָ⁷)	אֵלֶיךָ
„ „ „ „ f.	בָּךְ	כָּמוֹךְ	מִמֵּךְ	אֹתָךְ	אִתָּךְ	עִמָּךְ	אֵלַיִךְ
„ „ „ plur. m.	בָּכֶם	כָּכֶם	מִכֶּם	אֶתְכֶם	אִתְּכֶם	עִמָּכֶם	אֲלֵיכֶם
„ „ „ „ f.	בָּכֶן	כָּכֶן	מִכֶּן	אֶתְכֶן	אִתְּכֶן	עִמָּכֶן	אֲלֵיכֶן
„ „ „ 3 p. sing. m.	בּוֹ	כָּמוֹהוּ	מִמֶּנּוּ	אֹתוֹ	אִתּוֹ	עִמּוֹ	אֵלָיו
„ „ „ „ f.	בָּהּ	כָּמוֹהָ	מִמֶּנָּה	אֹתָהּ	אִתָּהּ	עִמָּהּ	אֵלֶיהָ
„ „ „ plur. m.	בָּהֶם²)	כָּהֶם³)	מֵהֶם	אֹתָם	אִתָּם	עִמָּהֶם	אֲלֵיהֶם
„ „ „ „ f.	בָּהֶן	כָּהֶן	מֵהֶן	אֹתָן	אִתָּן	עִמָּהֶן	אֲלֵיהֶן

¹) A la pause בָּךְ. ²) Et בָּם. ³) Et כָּמֹהֶם. ⁴) A la pause מִמֶּךָ. ⁵) A la pause אִתָּךְ. ⁶) Et עִמִּי. ⁷) A
la pause עִמָּךְ.

Analyse grammaticale.

בְּרֵאשִׁית בָּרָא אֱלֹהִים אֵת הַשָּׁמַיִם וְאֵת

et   cieux les   Dieu   créa commencement Au

הָאָרֶץ:

.terre la

Au commencement Dieu créa le ciel et la terre (Gen. I, 1).

Analyse — בְּרֵאשִׁית mot composé 1⁰ de בְּ *dans*, prép. inséparable (§. 51): 2⁰ de רֵאשִׁית *commencement*, nom fém. sing. de la racine רֹאשׁ *tête*. — בָּרָא 3ᵉ pers. sing. masc. Prét. Kal. La 2ᵉ radicale a un Quâmeṣ au lieu d'un Pathach, parceque le verbe est quiescent Lamed-Aleph. (§. 32, 1⁰) — אֱלֹהִים, nom masc. plur. *d'excellence*, c-à-d ayant la terminaison plur. mais la signification sing. (§. 60). C'est pourquoi il se construit avec בָּרָא verbe au singulier. — אֵת signe de l'Accusatif, mais qui ne s'emploie que devant les noms déterminés ou les noms propres (§. 70, 3⁰). — הַשָּׁמַיִם composé 1⁰ de l'article הַל dont le Lamed s'est assimilé au Schin qu'on a du doubler par un Daguesch (§. 41); 2⁰ de שָׁמַיִם nom masc. plur. dont la racine שָׁמָה est inusitée. — וְ conjonction nommée Vav copulatif (§. 52). — הָאָרֶץ: composé 1⁰ de l'article dont le Hé a pris un Quâmeṣ pour compenser le Daguesch que n'admet pas la gutturale Aleph (§. 7, 1⁰); 2⁰ de אֶרֶץ nom. fém. sing. L'Aleph a pris un Quâmeṣ à la place du Ségol à cause du Sillouq.

בְּכָל־מְקֹמוֹת   כָּל־מַעֲשָׂיו   יְהוָֹה   בָּרְכוּ
lieux les tous dans ,lui de œuvres toutes ,Jéhova Bénissez

מֶמְשַׁלְתּוֹ   בָּרְכִי   נַפְשִׁי   אֶת־יְהוָֹה :
.Jéhova ,moi de âme ,bénis ;lui de domination la de

Bénissez le Seigneur, (vous) toutes ses œuvres, dans
tous les lieux de sa domination; ô mon âme, bénis le
Seigneur! (Ps. 103. 22).

Analyse — בָּרְכוּ, 2ᵉ pers. plur. masc. Impér. Piël de
בָּרַךְ *bénir*. Le Quâmes du ב qui devrait naturellement
avoir un Pathach, compense le Daguesch que n'a pu
recevoir le Resch (§. 7, 4⁰). — יְהוָֹה nom du Seigneur
(voir page 77, note). — כָּל־ *la totalité de*, nom à l'état
constr., mis pour כֹּל, à cause du Makkeph (§. 9, nota).
— מַעֲשָׂיו composé 1⁰ de מַעֲשִׂים plur. de מַעֲשֶׂה nom
masc. de la racine עָשָׂה *il a fait*; en passant au plur.
il a perdu sa terminaison ה—ָ; 2⁰ du suffixe ו *de lui*.
— מְקֹמוֹת, nom plur. fém., au moins pour la terminaison
(§. 45, 2⁰), du sing. masc. מָקוֹם *lieu*, de la racine קוּם
se lever, se tenir dans un endroit. — מֶמְשַׁלְתּוֹ composé 1⁰
de מֶמְשָׁלָת, nom. fém. sing. constr. de l'absolu מֶמְשָׁלָה
(§. 44); 2⁰ du suffixe ו *de lui*.

אֲבָרְכָה אֶת־יְהוָֹה   בְּכָל־עֵת   תָּמִיד   תְּהִלָּתוֹ
lui de louange la toujours ,temps tout en Jéhova bénirai Je

בְּפִי :
.moi de bouche la dans

Je bénirai le Seigneur en tout temps, sa louange sera
toujours dans ma bouche (Ps. 34, 1).

Analyse — אֲבָרְכָה 1ʳᵉ pers. sing. Fut. Piël de בָּרַךְ.
Le Quâmes du Beth compense le Daguesch que n'a
pu recevoir le Resch (§. 7, 4⁰). Le Hé final est le Hé

paragogique qui change en Scheva le Ṣéré que devrait naturellement avoir le Resch: (אֲבַרְךָ) §. 21, 2°. — תְּהִלָּתוֹ, composé 1° de תְּהִלָּה nom. fém. sing. de la racine הָלַל qui à la forme Piël הִלֵּל signifie *louer*. Le Hé final a été changé en Thav à cause du suffixe. Le Daguesch du Lamed compense l'autre Lamed qui a disparu, ce qui a lieu dans les noms qui viennent des verbes défectifs Aïn doublé (page 90); 2° du suffixe וֹ *de lui*. — בְּפִי, composé 1° de בְּ; 2° de פֶה *bouche*, nom irrég. (§. 48). Le Hé a disparu devant le suffixe; 3° du suffixe י— *de moi*.

עֲנָוִים יִשְׁמְעוּ נַפְשִׁי תִתְהַלֵּל בַּיהוָֹה
doux les entendront ,moi de l'âme louera se Jéhova En

וְיִשְׂמָחוּ :
.réjouiront se et

Mon âme mettra sa gloire dans le Seigneur, que ceux qui sont doux entendent et se réjouissent (id. 2).

Analyse — בַּיהוָֹה qu'il faut lire comme s'il y avait בַּאדוֹנָי qui est lui-même pour בַּאֲדוֹנָי (page 77, note). Le Pathach à la place du Scheva. — תִתְהַלֵּל, 3ᵉ pers. sing. fém. Fut. Hithpaël de הָלַל. — נַפְשִׁי composé 1° de נֶפֶשׁ *âme*, nom ségolé (§. 47), de la forme primitive נַפְשׁ; 2° du suffixe י— *de moi*. — יִשְׁמְעוּ 3ᵉ pers. plur. masc. Fut. Kal de שָׁמַע. — עֲנָיִים nom. masc. plur. du sing. עָנָו de la racine עָנָה *répondre, exaucer*. Le pluriel se forme en ajoutant ים—. Le Quâmeṣ du Aïn doit se changer en Scheva qui devient composé, car il se trouve sous une gutturale (§. 7, 2°). — וְיִשְׂמָחוּ mis pour וְיִשְׂמְחוּ, 3ᵉ pers. plur. masc. Fut. Kal de שָׂמַח: le Sillouq fait remonter le ton et le second Scheva sorti d'un Pathach (car le singulier est וְיִשְׂמַח) s'allonge en Quâmeṣ, voyelle correspondante du Pathach (§. 10, 2°). Ce Futur et celui qui précéde sont mis pour le Subjonctif (§. 55).

גַּדְּלוּ   לַיהוָה   אִתִּי   וּנְרוֹמְמָה   שְׁמוֹ
lui de nom le   exaltons et   ,moi avec   Jéhova   Glorifiez

יַחְדָּו :
.ensemble

Glorifiez le Seigneur avec moi et exaltons ensemble (la gloire de) son nom (id. 3).

Analyse — גַּדְּלוּ 2ᵉ pers. masc. plur. Impér. Piël. de גָּדַל être grand. — לַיהוָה lisez לַאדוֹנָי. — אִתִּי composé de la particule אֵת *avec* (§. 51) et du suffixe ־ִי *moi*. — וּנְרוֹמְמָה le Vav copulatif se change ici en Schourek parcequ'il est suivi d'un Scheva (§. 52). Le racine est רוּם *être élevé* qui à la forme Piël fait רוֹמֵם avec un Cholem invariable. La 1ʳᵉ pers. plur. Fut. Piël est donc régulièrement נְרוֹמֵם, à laquelle on a joint dans נְרוֹמְמָה un Hé paragogique qui change le Sêré en Scheva. Ici le Futur a le sens de l'Impératif (§. 55) — יַחְדָּו adverbe de la racine יָחַד *être uni*.

מִזְמוֹר   לְדָוִד   יְהוָה   רֹעִי   לֹא
ne je ,mon berger (est) Jéhova   .David de Cantique

אֶחְסָר :
.rien de manquerai

Psaume de David. Le Seigneur est mon guide, rien ne peut me manquer (Ps. 23, 1).

Analyse — מִזְמוֹר *chant, cantique*, nom. masc. de la rac. זָמַר *tailler*, à la forme Piël *prononcer des paroles mesurées, cadencées*, c-à-d. *chanter*. Le Mem est heémantique (§. 42). — לְדָוִד *de David*, les grammairiens appellent ce Lamed initial ל *auctoris*. — רֹעִי *mon berger*, composé du part. act. Kal de la racine רָעָה *paître*, devenu subst. (§. 42) et du pron. suff. de la 1ʳᵉ pers. sing. masc. — אֶחְסָר *je manquerai du nécessaire*, 1ʳᵉ pers. sing. fut. Kal

de חָסֵר (§. 18), les verb. neut. ont souvent un Ṣêré pour
2ᵉ radicale. La gutturale ח qui devrait avoir un Scheva
composé (§. 7, 2⁰) a le Scheva simple parcequ'il est quiescent. Le Quâmeṣ qui est sous le ס remplace un Pathach,
à cause du Sillouq qui fait *pause* (§. 10, 1⁰). — Dans
ce verset et dans les deux suivants, le futur a le sens
du présent (§. 55).

בִּנְאוֹת   דֶּשֶׁא   יַרְבִּיצֵנִי

des parcs   de   verdure   il me   fera   reposer,

עַל־מֵי   מְנוּחֹת   יְנַהֲלֵנִי׃

le long   des eaux   de   repos   il me   conduira.

Il me fait reposer dans des pâturages (toujours) verts, il
me conduit sur le bord des eaux limpides (id. 2).

Analyse — בִּנְאוֹת *dans des parcs de*, état constr. plur.
de נָאָה, avec ב préfixe qui a un — à cause du — qui
suit, (§. 14, 2⁰, a) et un Daguesch doux (§. 5, 2⁰). —
יַרְבִּיצֵנִי *il me fera reposer*, 3ᵉ pers. sing. masc. fut. Hiphil
de רָבַץ avec suff. 1ᵉ pers. sing. — מֵי *eaux de*, état constr.
de מַיִם (§. 48, 13⁰). — מְנוּחֹת *repos*, plur. de מְנוּחָה, le
plur. pour le sing., car ce nom exprime une idée abstraite (§. 69). *Eaux de repos* pour *des eaux tranquilles*
(§. 69). — יְנַהֲלֵנִי *il me conduira*, 3ᵉ pers. sing. masc. fut.
Piël, avec suff. 1ʳᵉ pers. sing. de נָהַל qui n'est pas usité
dans Kal. Le Daguesch fort, caractéristique de Piël, n'est
pas exprimé dans la 2ᵉ radicale, parcequ'elle est gutturale et il n'est pas compensé par l'allongement de la
voyelle précédente; c'est ce qui arrive ordinairement devant ה et ח (§. 7, 1⁰).

נַפְשִׁי   יְשׁוֹבֵב   יַנְחֵנִי   בְמַעְגְּלֵי ־

sentiers les dans   conduira me il   ,restaurera il   âme Mon

צֶדֶק   לְמַעַן ־ שְׁמוֹ :

.nom son de cause à   justice la de

Il soutient mon courage; il me conduit dans les sentiers
de la justice, pour (la gloire de) son nom (id. 3).

Analyse — נַפְשִׁי *mon âme*, nom. fém. forme ségolée
(§. 47) avec suff. 1ʳᵉ pers. sing. — יְשׁוֹבֵב *il restaurera*,
3ᵉ pers. sing. masc. fut. Pôlel de שׁוּב (§. 30, I, 3⁰). —
יַנְחֵנִי *il me conduira*, 3ᵉ pers. sing. masc. fut. Hiphil de נָחָה
avec suff. 1ᵉ pers. sing. La 3ᵉ radicale a disparu devant
le suffixe (§. 37, 3⁰, nota). — בְמַעְגְּלֵי *dans les sentiers
de*, état constr. plur. de מַעְגָּל. La gutt. ע prend le
Scheva simple parcequ'il est quiescent. — לְמַעַן *à cause
de*, préposition composée de לְ préfixe et de מַעַן *dessein*
(§. 76). — שְׁמוֹ *son nom*, de שֵׁם, subst. masc. et du suff.
3ᵉ pers. sing. masc.

(¹שְׁמוּאֵל: א)

Livre I de Samuel. (Livre I des Rois.)

Chapitre III. ג

1 וְהַנַּעַר שְׁמוּאֵל מְשָׁרֵת אֶת־יְהֹוָה לִפְנֵי עֵלִי וּדְבַר יְהֹוָה
הָיָה יָקָר בַּיָּמִים הָהֵם אֵין חָזוֹן נִפְרָץ: 2 וַיְהִי בַּיּוֹם הַהוּא
וְעֵלִי שֹׁכֵב בִּמְקֹמוֹ וְעֵינָיו הֵחֵלּוּ כֵהוֹת לֹא יוּכַל לִרְאוֹת:
3 וְנֵר אֱלֹהִים טֶרֶם יִכְבֶּה וּשְׁמוּאֵל שֹׁכֵב בְּהֵיכַל יְהֹוָה אֲשֶׁר־שָׁם
אֲרוֹן אֱלֹהִים: 4 וַיִּקְרָא יְהֹוָה אֶל־שְׁמוּאֵל וַיֹּאמֶר הִנֵּנִי:
5 וַיָּרָץ אֶל־עֵלִי וַיֹּאמֶר הִנְנִי כִּי־קָרָאתָ לִּי וַיֹּאמֶר לֹא־קָרָאתִי
שׁוּב שְׁכָב וַיֵּלֶךְ וַיִּשְׁכָּב: 6 וַיֹּסֶף יְהֹוָה קְרֹא עוֹד שְׁמוּאֵל וַיָּקָם
שְׁמוּאֵל וַיֵּלֶךְ אֶל־עֵלִי וַיֹּאמֶר הִנְנִי כִּי קָרָאתָ לִי וַיֹּאמֶר לֹא־
קָרָאתִי בְנִי שׁוּב שְׁכָב: 7 וּשְׁמוּאֵל טֶרֶם יָדַע אֶת־יְהֹוָה וְטֶרֶם
יִגָּלֶה אֵלָיו דְּבַר־יְהֹוָה: 8 וַיֹּסֶף יְהֹוָה קְרֹא־שְׁמוּאֵל בַּשְּׁלִשִׁית
וַיָּקָם וַיֵּלֶךְ אֶל־עֵלִי וַיֹּאמֶר הִנְנִי כִּי קָרָאתָ לִי וַיָּבֶן עֵלִי כִּי
יְהֹוָה קֹרֵא לַנָּעַר: 9 וַיֹּאמֶר עֵלִי לִשְׁמוּאֵל לֵךְ שְׁכָב וְהָיָה אִם־
יִקְרָא אֵלֶיךָ וְאָמַרְתָּ דַּבֵּר יְהֹוָה כִּי שֹׁמֵעַ עַבְדֶּךָ וַיֵּלֶךְ שְׁמוּאֵל
וַיִּשְׁכַּב בִּמְקוֹמוֹ: 10 וַיָּבֹא יְהֹוָה וַיִּתְיַצַּב וַיִּקְרָא כְפַעַם־
בְּפַעַם שְׁמוּאֵל שְׁמוּאֵל וַיֹּאמֶר שְׁמוּאֵל דַּבֵּר כִּי שֹׁמֵעַ עַבְדֶּךָ:
11 וַיֹּאמֶר יְהֹוָה אֶל־שְׁמוּאֵל הִנֵּה אָנֹכִי עֹשֶׂה דָבָר בְּיִשְׂרָאֵל

---

1) Quand on connaitra bien notre Grammaire élémentaire,
on pourra facilement comprendre les trois chapitres de la Bible
que nous plaçons ici. On y trouvera les mots les plus usuels et
l'application des principales règles de la Syntaxe. Le traducteur
pourra ensuite lire avec fruit des ouvrages plus complets et
acquérir bien vite une connaissance plus approfondie de la langue
sacrée.

אֲשֶׁר כָּל־שֹׁמְעוֹ תְּצִלֶּינָה שְׁתֵּי אָזְנָיו: 12 בַּיּוֹם הַהוּא אָקִים
אֶל־עֵלִי אֵת כָּל־אֲשֶׁר דִּבַּרְתִּי אֶל־בֵּיתוֹ הָחֵל וְכַלֵּה: 13 וְהִגַּדְתִּי
לוֹ כִּי־שֹׁפֵט אֲנִי אֶת־בֵּיתוֹ עַד־עוֹלָם בַּעֲוֹן אֲשֶׁר־יָדַע כִּי־מְקַלְלִים
לָהֶם בָּנָיו וְלֹא כִהָה בָּם: 14 וְלָכֵן נִשְׁבַּעְתִּי לְבֵית עֵלִי אִם־
יִתְכַּפֵּר עֲוֹן בֵּית־עֵלִי בְּזֶבַח וּבְמִנְחָה עַד־עוֹלָם: 15 וַיִּשְׁכַּב
שְׁמוּאֵל עַד־הַבֹּקֶר וַיִּפְתַּח אֶת־דַּלְתוֹת בֵּית־יְהֹוָה וּשְׁמוּאֵל יָרֵא
מֵהַגִּיד אֶת־הַמַּרְאָה אֶל־עֵלִי: 16 וַיִּקְרָא עֵלִי אֶת־שְׁמוּאֵל
וַיֹּאמֶר שְׁמוּאֵל בְּנִי וַיֹּאמֶר הִנֵּנִי: 17 וַיֹּאמֶר מָה הַדָּבָר אֲשֶׁר
דִּבֶּר אֵלֶיךָ אַל־נָא תְכַחֵד מִמֶּנִּי כֹּה יַעֲשֶׂה־לְּךָ אֱלֹהִים וְכֹה
יוֹסִיף אִם־תְּכַחֵד מִמֶּנִּי דָּבָר מִכָּל־הַדָּבָר אֲשֶׁר־דִּבֶּר אֵלֶיךָ:
18 וַיַּגֶּד־לוֹ שְׁמוּאֵל אֶת־כָּל־הַדְּבָרִים וְלֹא כִחֵד מִמֶּנּוּ וַיֹּאמַר
יְהֹוָה הוּא הַטּוֹב בְּעֵינָיו יַעֲשֶׂה: 19 וַיִּגְדַּל שְׁמוּאֵל וַיהֹוָה הָיָה
עִמּוֹ וְלֹא־הִפִּיל מִכָּל־דְּבָרָיו אָרְצָה: 20 וַיֵּדַע כָּל־יִשְׂרָאֵל מִדָּן
וְעַד־בְּאֵר שָׁבַע כִּי נֶאֱמָן שְׁמוּאֵל לְנָבִיא לַיהֹוָה: 21 וַיֹּסֶף
יְהֹוָה לְהֵרָאֹה בְשִׁלֹה כִּי־נִגְלָה יְהֹוָה אֶל־שְׁמוּאֵל בְּשִׁלוֹ בִּדְבַר
יְהֹוָה:

יוֹנָה

Livre de Jonas.

Chapitre I.   א

1 וַיְהִי דְּבַר־יְהֹוָה אֶל־יוֹנָה בֶן־אֲמִתַּי לֵאמֹר: 2 קוּם לֵךְ
אֶל־נִינְוֵה הָעִיר הַגְּדוֹלָה וּקְרָא עָלֶיהָ כִּי־עָלְתָה רָעָתָם לְפָנָי:
3 וַיָּקָם יוֹנָה לִבְרֹחַ תַּרְשִׁישָׁה מִלִּפְנֵי יְהֹוָה וַיֵּרֶד יָפוֹ וַיִּמְצָא
אֳנִיָּה בָּאָה תַרְשִׁישׁ וַיִּתֵּן שְׂכָרָהּ וַיֵּרֶד בָּהּ לָבוֹא עִמָּהֶם תַּרְשִׁישָׁה
מִלִּפְנֵי יְהֹוָה: 4 וַיהֹוָה הֵטִיל רוּחַ־גְּדוֹלָה אֶל־הַיָּם וַיְהִי
סַעַר־גָּדוֹל בַּיָּם וְהָאֳנִיָּה חִשְּׁבָה לְהִשָּׁבֵר: 5 וַיִּירְאוּ הַמַּלָּחִים
וַיִּזְעֲקוּ אִישׁ אֶל־אֱלֹהָיו וַיָּטִלוּ אֶת־הַכֵּלִים אֲשֶׁר בָּאֳנִיָּה אֶל־הַיָּם
לְהָקֵל מֵעֲלֵיהֶם וְיוֹנָה יָרַד אֶל־יַרְכְּתֵי הַסְּפִינָה וַיִּשְׁכַּב וַיֵּרָדַם:
6 וַיִּקְרַב אֵלָיו רַב הַחֹבֵל וַיֹּאמֶר לוֹ מַה־לְּךָ נִרְדָּם קוּם קְרָא
אֶל־אֱלֹהֶיךָ אוּלַי יִתְעַשֵּׁת הָאֱלֹהִים לָנוּ וְלֹא נֹאבֵד: 7 וַיֹּאמְרוּ
אִישׁ אֶל־רֵעֵהוּ לְכוּ וְנַפִּילָה גוֹרָלוֹת וְנֵדְעָה בְּשֶׁלְּמִי הָרָעָה

הַזֹּאת לָנוּ וַיַּפִּלוּ גּוֹרָלוֹת וַיִּפֹּל הַגּוֹרָל עַל־יוֹנָה׃ 8 וַיֹּאמְרוּ אֵלָיו הַגִּידָה־נָּא לָנוּ בַּאֲשֶׁר לְמִי־הָרָעָה הַזֹּאת לָנוּ מַה־מְּלַאכְתְּךָ וּמֵאַיִן תָּבוֹא מָה אַרְצֶךָ וְאֵי־מִזֶּה עַם אָתָּה׃ 9 וַיֹּאמֶר אֲלֵיהֶם עִבְרִי אָנֹכִי וְאֶת־יְהוָה אֱלֹהֵי הַשָּׁמַיִם אֲנִי יָרֵא אֲשֶׁר־עָשָׂה אֶת־הַיָּם וְאֶת־הַיַּבָּשָׁה׃ 10 וַיִּירְאוּ הָאֲנָשִׁים יִרְאָה גְדוֹלָה וַיֹּאמְרוּ אֵלָיו מַה־זֹּאת עָשִׂיתָ כִּי־יָדְעוּ הָאֲנָשִׁים כִּי־מִלִּפְנֵי יְהוָה הוּא בֹרֵחַ כִּי הִגִּיד לָהֶם׃ 11 וַיֹּאמְרוּ אֵלָיו מַה־נַּעֲשֶׂה לָּךְ וְיִשְׁתֹּק הַיָּם מֵעָלֵינוּ כִּי הַיָּם הוֹלֵךְ וְסֹעֵר׃ 12 וַיֹּאמֶר אֲלֵיהֶם שָׂאוּנִי וַהֲטִילֻנִי אֶל־הַיָּם וְיִשְׁתֹּק הַיָּם מֵעֲלֵיכֶם כִּי יוֹדֵעַ אָנִי כִּי בְשֶׁלִּי הַסַּעַר הַגָּדוֹל הַזֶּה עֲלֵיכֶם׃ 13 וַיַּחְתְּרוּ הָאֲנָשִׁים לְהָשִׁיב אֶל־הַיַּבָּשָׁה וְלֹא יָכֹלוּ כִּי הַיָּם הוֹלֵךְ וְסֹעֵר עֲלֵיהֶם׃ 14 וַיִּקְרְאוּ אֶל־יְהוָה וַיֹּאמְרוּ אָנָּה יְהוָה אַל־נָא נֹאבְדָה בְּנֶפֶשׁ הָאִישׁ הַזֶּה וְאַל־תִּתֵּן עָלֵינוּ דָּם נָקִיא כִּי־אַתָּה יְהוָה כַּאֲשֶׁר חָפַצְתָּ עָשִׂיתָ׃ 15 וַיִּשְׂאוּ אֶת־יוֹנָה וַיְטִלֻהוּ אֶל־הַיָּם וַיַּעֲמֹד הַיָּם מִזַּעְפּוֹ׃ 16 וַיִּירְאוּ הָאֲנָשִׁים יִרְאָה גְדוֹלָה אֶת־יְהוָה וַיִּזְבְּחוּ־זֶבַח לַיהוָה וַיִּדְּרוּ נְדָרִים׃

רוּת

Livre de Ruth.[1])

Chapitre I. א

1 וַיְהִי בִּימֵי שְׁפֹט הַשֹּׁפְטִים וַיְהִי רָעָב בָּאָרֶץ וַיֵּלֶךְ אִישׁ מִבֵּית לֶחֶם יְהוּדָה לָגוּר בִּשְׂדֵי מוֹאָב הוּא וְאִשְׁתּוֹ וּשְׁנֵי בָנָיו׃ 2 וְשֵׁם הָאִישׁ אֱלִימֶלֶךְ וְשֵׁם אִשְׁתּוֹ נָעֳמִי וְשֵׁם שְׁנֵי־בָנָיו מַחְלוֹן וְכִלְיוֹן אֶפְרָתִים מִבֵּית לֶחֶם יְהוּדָה וַיָּבֹאוּ שְׂדֵי־מוֹאָב וַיִּהְיוּ־שָׁם׃ 3 וַיָּמָת אֱלִימֶלֶךְ אִישׁ נָעֳמִי וַתִּשָּׁאֵר הִיא וּשְׁנֵי בָנֶיהָ׃ 4 וַיִּשְׂאוּ לָהֶם נָשִׁים מֹאֲבִיּוֹת שֵׁם הָאַחַת עָרְפָּה וְשֵׁם הַשֵּׁנִית רוּת וַיֵּשְׁבוּ שָׁם כְּעֶשֶׂר שָׁנִים׃ 5 וַיָּמֻתוּ גַם־שְׁנֵיהֶם מַחְלוֹן וְכִלְיוֹן וַתִּשָּׁאֵר

---

1) Nous avons reproduit ce chapitre tel qu'il se trouve dans la Bible, (avec tous les accents), afin qu'on puisse se familiariser avec le texte hébreu complet.

הָאִשָּׁה מִשְּׁנֵי יְלָדֶיהָ וּמֵאִישָׁהּ: 6 וַתָּקָם הִיא וְכַלֹּתֶיהָ וַתָּשָׁב מִשְּׂדֵי מוֹאָב כִּי שָׁמְעָה בִּשְׂדֵה מוֹאָב כִּי־פָקַד יְהֹוָה אֶת־עַמּוֹ לָתֵת לָהֶם לָחֶם: 7 וַתֵּצֵא מִן־הַמָּקוֹם אֲשֶׁר הָיְתָה־שָּׁמָּה וּשְׁתֵּי כַלֹּתֶיהָ עִמָּהּ וַתֵּלַכְנָה בַדֶּרֶךְ לָשׁוּב אֶל־אֶרֶץ יְהוּדָה: 8 וַתֹּאמֶר נָעֳמִי לִשְׁתֵּי כַלֹּתֶיהָ לֵכְנָה שֹּׁבְנָה אִשָּׁה לְבֵית אִמָּהּ יַעֲשֶׂה יְהֹוָה עִמָּכֶם חֶסֶד כַּאֲשֶׁר עֲשִׂיתֶם עִם־הַמֵּתִים וְעִמָּדִי: 9 יִתֵּן יְהֹוָה לָכֶם וּמְצֶאןָ מְנוּחָה אִשָּׁה בֵּית אִישָׁהּ וַתִּשַּׁק לָהֶן וַתִּשֶּׂאנָה קוֹלָן וַתִּבְכֶּינָה: 10 וַתֹּאמַרְנָה לָהּ כִּי־אִתָּךְ נָשׁוּב לְעַמֵּךְ: 11 וַתֹּאמֶר נָעֳמִי שֹׁבְנָה בְנֹתַי לָמָּה תֵלַכְנָה עִמִּי הַעוֹד־לִי בָנִים בְּמֵעַי וְהָיוּ לָכֶם לַאֲנָשִׁים: 12 שֹׁבְנָה בְנֹתַי לֵכְןָ כִּי זָקַנְתִּי מִהְיוֹת לְאִישׁ כִּי אָמַרְתִּי יֶשׁ־לִי תִקְוָה גַּם הָיִיתִי הַלַּיְלָה לְאִישׁ וְגַם יָלַדְתִּי בָנִים: 13 הֲלָהֵן תְּשַׂבֵּרְנָה עַד אֲשֶׁר יִגְדָּלוּ הֲלָהֵן תֵּעָגֵנָה לְבִלְתִּי הֱיוֹת לְאִישׁ אַל בְּנֹתַי כִּי־מַר־לִי מְאֹד מִכֶּם כִּי־יָצְאָה בִי יַד־יְהֹוָה: 14 וַתִּשֶּׂנָה קוֹלָן וַתִּבְכֶּינָה עוֹד וַתִּשַּׁק עָרְפָּה לַחֲמוֹתָהּ וְרוּת דָּבְקָה־בָּהּ: 15 וַתֹּאמֶר הִנֵּה שָׁבָה יְבִמְתֵּךְ אֶל־עַמָּהּ וְאֶל־אֱלֹהֶיהָ שׁוּבִי אַחֲרֵי יְבִמְתֵּךְ: 16 וַתֹּאמֶר רוּת אַל־תִּפְגְּעִי־בִי לְעָזְבֵךְ לָשׁוּב מֵאַחֲרָיִךְ כִּי אֶל־אֲשֶׁר תֵּלְכִי אֵלֵךְ וּבַאֲשֶׁר תָּלִינִי אָלִין עַמֵּךְ עַמִּי וֵאלֹהַיִךְ אֱלֹהָי: 17 בַּאֲשֶׁר תָּמוּתִי אָמוּת וְשָׁם אֶקָּבֵר כֹּה יַעֲשֶׂה יְהֹוָה לִי וְכֹה יֹסִיף כִּי הַמָּוֶת יַפְרִיד בֵּינִי וּבֵינֵךְ: 18 וַתֵּרֶא כִּי־מִתְאַמֶּצֶת הִיא לָלֶכֶת אִתָּהּ וַתֶּחְדַּל לְדַבֵּר אֵלֶיהָ: 19 וַתֵּלַכְנָה שְׁתֵּיהֶם עַד־בּוֹאָנָה בֵּית לָחֶם וַיְהִי כְּבוֹאָנָה בֵּית לֶחֶם וַתֵּהֹם כָּל־הָעִיר עֲלֵיהֶן וַתֹּאמַרְנָה הֲזֹאת נָעֳמִי: 20 וַתֹּאמֶר אֲלֵיהֶן אַל־תִּקְרֶאנָה לִי נָעֳמִי קְרֶאןָ לִי מָרָא כִּי־הֵמַר שַׁדַּי לִי מְאֹד: 21 אֲנִי מְלֵאָה הָלַכְתִּי וְרֵיקָם הֱשִׁיבַנִי יְהֹוָה לָמָּה תִקְרֶאנָה לִי נָעֳמִי וַיהֹוָה עָנָה בִי וְשַׁדַּי הֵרַע־לִי: 22 וַתָּשָׁב נָעֳמִי וְרוּת הַמּוֹאֲבִיָּה כַלָּתָהּ עִמָּהּ הַשָּׁבָה מִשְּׂדֵי מוֹאָב וְהֵמָּה בָּאוּ בֵּית לֶחֶם בִּתְחִלַּת קְצִיר שְׂעֹרִים:

הַלְלוּ־יָהּ

Lexique

donnant le sens des mots contenus dans les trois
chapitres précédents.

———

א

אָבַד périr.

אוּלַי si ne pas, si par hasard; εἰ μή.

אֹזֶן oreille, *duel* אָזְנַיִם.

אֶחָד un, *fém.* אַחַת.

אַחַר après, par derrière, ensuite; *pl.* אַחֲרִי, *avec préf.* מֵאַחֲרֵי d'auprès de, *(hinter etwas weg).*

אֵי où? אֵי מִזֶּה עָם אֵי מִזֶּה d'où; de quel peuple?

אֵין non, nepas *(avec être sous-entendu; prend comme suff. les pron. pers.).*

אִישׁ homme, *lat.* vir; quelqu'un, chacun.

אַל non, nepas, ne *prohibitif surtout devant fut.;* μή.

אֶל vers, à, dans, *lat.* ad, in; אֶל אֲשֶׁר vers (le lieu) que, c-à-d. où.

אֵל Dieu (qui est tout-puissant).

אֱלֹהַּ Dieu, *pl.* אֱלֹהִים le vrai Dieu, Jéhova.

אֱלִימֶלֶךְ (qui a Dieu pour roi) Elimélec, *n. pr.* Les noms propres en hébreu ont une signification. Comme ils ne commencent pas par une majuscule, attendu qu'il n'y en a pas en hébreu, c'est le contexte qui les fait connaitre.

אֵם mère.

אִם si *(qqf. avec sens nég. dans les serments.)*

אָמַן être ferme, fidèle; *Ni.* id.

אָמַץ être fort, robuste; *Hithp.* se fortifier, être confirmé dans.

אָמַר dire.

אֲמִתַּי *n. pr.* Amathi.

אָנָּה *pour* אָנָּא, je vous prie, *lat.* quæso, quæsumus.

אָנֹכִי *constr.* אֲנִי je, moi.

אֱנוֹשׁ homme, *pl.* אֲנָשִׁים.

אֳנִיָּה vaisseau.

אֶפְרָתִי Ephratéen.

אָרוֹן arche; אֲרוֹן הַבְּרִית l'arche d'alliance.

אֶרֶץ terre; אַרְצָה par terre.

אִשָּׁה femme, *lat.* mulier, *ét. constr.* אֵשֶׁת, *avec suff.* אִשְׁתִּי; *pl.* נָשִׁים.

אֲשֶׁר qui, que *relat.*; כַּאֲשֶׁר selon que, comme; אֲשֶׁר־שָׁם où.

אֵת, אֶת־ *signe de l'acc.* — chez, avec: *avec suff.* אִתִּי avec moi.

ב

בְּ dans, par, selon, *lat.* in; בַּאֲשֶׁר dans (le lieu) que, c-à-d. où.

בְּאֵר שֶׁבַע (puits du jurement) *n. pr.* Bersabée.

בּוֹא entrer, arriver, aller; עַד־בּוֹאָנָה *hébr.* jusqu'au entrer d'elles, c-à-d. jusqu'à leur entrée.

בִּין et בּוּן comprendre.

בַּיִת maison, famille.

בֵּית־לֶחֶם (maison de pain) Bethléhem *n. pr.*

בָּכָה pleurer.

בִּלְתִּי non, ne pas; לְבִלְתִּי *avec inf.* pour ne pas.

בֵּן fils.

בֹּקֶר matin.

בָּרַח fuir.

בְּשֶׁלִּי composé de בְּ, de שֶׁ pour אֲשֶׁר et du pron. 1ère pers. *suff.* ־ִי, à cause de moi.

בְּשֶׁלְּמִי comp. de בְּ, de שֶׁ et de מִי qui? à cause de qui? *lat.* cujus causa.

בַּת fille.

ג

גָּדַל être grand, grandir; גָּדוֹל grand.

גּוּר habiter, demeurer.

גּוֹרָל sort, *pl.* גּוֹרָלוֹת.

גָּלָה révéler, *Ni.* se révéler, être manifesté.

גַּם même, aussi, ensemble.

ד

דָּבַר *Pi.* parler; דָּבָר parole, chose, *lat.* res.

דָּבַק s'attacher, s'unir.

דֶּלֶת porte. *pl. état constr.* דַּלְתוֹת.

דָּם sang.

דָּן *n. pr.* Dan.

דֶּרֶךְ voie, chemin.

ה

הַ (הָ, הֶ) le, la, les; *qqf. avec sens démonstratif. ex.* הַיּוֹם ce jour, aujourd'hui; הַלַּיְלָה cette nuit.

הֲ (הַ, הֶ) *particule interrog.* est-ce que?

הוּא et הִיא *pron. pers.*

הָיָה être, arriver, *lat.* accidit, evenit.

הֵיכָל temple.

הָלַךְ aller. *Impér.* לֵךְ.

הָלַל briller, resplendir; *Pi.* louer, הַלְלוּ־יָהּ (sans Daguesch fort) louez Jéhova.

הֵם, הֵן *pron. pers.*; לָהֵן à cause de cela.

הָמַם émouvoir, agiter, troubler, *Ni. fut.* תֵּהֹם être ému.

הִנֵּה, הֵן voici, voilà, *avec suff.* הִנְנִי me voici.

ו

וְ, וַ, וִ, וּ, וָ *particule qui a différents sens, le plus souvent* et.

וֹ de lui, *pron. poss. suffixe.*

ז

זֶה *et* זֹאת *pron. dém.* celui-ci.

זָבַח immoler, sacrifier; זֶבַח sacrifice, victime.

זַעַף colère, agitation (de la mer).

זָעַק crier.

זָקֵן être vieux; זָקֵן vieillard.

ח

חֹבֵל matelot; רַב חֹבֵל (le chef matelot) pilote.

חָדַל cesser.

חָזוֹן vision, révélation.

חָלַל ouvrir, *Hi.* הֵחֵל commencer.

הָחֵל וְכַלֵּה en commençant et en finissant *hebr.* pour dire depuis le commencement jusqu' à la fin, c-à-d. complétement.

חָם beau-père, חָמוֹת belle-mère.

חֶסֶד bonté, miséricorde.

חָפֵץ vouloir.

חָשַׁב penser.

חָתַר ramer.

ט

טוֹב bon, beau, joyeux.

טוּל *Hi.* הֵטִיל envoyer, jeter.

טֶרֶם avant que, *lat.* priusquam; pas encore.

י

יָבָם beau-frère; יְבֵמֶת belle-sœur.

יַבָּשָׁה terre, *lat.* arida (terra).

יָד main, *métaph.* force, puissance.

יָדַע savoir.

יְהוּדָה (loué *rac.* יָדָה) Juda *n. pr.*

יְהוָה Jéhova.

יוֹם jour.

יוֹנָה (colombe) Jonas *n. pr.*

יָכֹל pouvoir.

יֶלֶד fils, enfant, *rac.* יָלַד enfanter.

יָם mer.

יָסַף ajouter, continuer, *lat.* iterare.

יָפוֹ Joppé, (Ἰόππη, *Jaffa*).

יָצָא sortir.

יָצַב *Hithp.* s'arrêter.

יָקָר précieux, rare.

יָרֵא craindre, יִרְאָה crainte.

יָרַד descendre.

יַרְכָּה côté, *duel.* יַרְכָתַיִם *ét. constr.* יַרְכְּתֵי intérieur, partie la plus basse.

יִשְׂרָאֵל (combattant de Dieu) Israël *n. pr.* de Jacob, de peuple et de royaume.

יֵשׁ être (τὸ εἶναι) *avec suff.* יֶשְׁךָ, יֶשְׁכֶם, tu es, vous êtes.

יָשַׁב habiter.

כ

כְּ comme, environ, selon.

כָּבָה *Pi.* éteindre.

כֹּה ainsi.

כָּהָה s'affaiblir, s'obscurir; *Pi.* réprimander, punir.

כָּחַד *Pi. et Hi.* cacher.

כִּי car, parce que, mais; que.

כֹּל, כָּל־ totalité, universalité, tout; *lat.* omnis, totus, unusquisque.

כָּלָה *Pi.* achever.

כַּלָּה bru.

כְּלִי *pl.* כֵּלִים vase, instrument.

כִּלְיוֹן Kilion. *n. pr.*

כֵּן ainsi; לָכֵן c'est pourquoi.

כָּפַר couvrir, cacher, *Hithp.* être expié.

ל

לְ, לָ, לְ à, pour, *lat.* ad, in, *devant Inf. a le sens du gérondif latin.*

לֹא, non, ne, ne pas.

לִין, לוּן, demeurer, passer la nuit.

לֶחֶם pain, nourriture.

לַיִל nuit, *avec* ה *parag.* לַיְלָה pendant la nuit.

לֶכֶת *inf. constr. de* הָלַךְ.

מ

מְאֹד force, *adv.* fort, beaucoup, *lat.* valdè, vehementer.

מֵאַיִן d'où? *de* אַי où?

מָה, מֶה *pron. interrog.* quoi? *lat.* quid? *pris adverb.* comment? לָמֶה pourquoi? *avec subst.* quel.

מוֹאָב (ex patre) Moab *n. pr.*

מוֹאָבִי *fém.* מוֹאָבִיָּה Moabite.

מוּת mourir; מָוֶת mort.

מַחְלוֹן Mahlon *n. pr.*

מִי *pron. interrog.* qui? lequel? לְמִי à cause de qui?

מִן *pl.* souvent מִ, מֵ *préfixes,* de, en comparaison de, plus que, pour, *lat.* ab, ex, præ.

מָלֵא plein, *fém.* מְלֵאָה.

מְלָאכָה affaire, ouvrage, *lat.* opus, negotium.

מַלָּח *pl.* מַלָּחִים matelots, rameurs.

מְנוּחָה, repos, lieu de repos, *rac.* נוּחַ se reposer.

מִנְחָה don, tribut, sacrifice.

מֵעִים *ét. constr.* מְעֵי sein, entrailles.

מָצָא trouver.

מָקוֹם lieu, *rac.* קוּם.

מָרָא Mara *n. pr.*

מַרְאָה vision, *rac.* רָאָה voir.

מָרַר être amer; *Hi.* rendre amer.

מַר amer *adj.*

נ

נָא *particule exhortat. et déprécat.* je vous prie, *lat.* quæso.

נָבִיא prophète.

נָגַד *Hi.* annoncer, indiquer.

נָדַר faire des vœux, promettre *pl.* נְדָרִים נֶדֶר vœux.

נִינְוֵה (habitation de Ninus) Ninive; LXX. Νινευί.

נָעֳמִי (ma douceur) Noémi, *rac.* נָעֵם être doux.

נַעַר enfant, jeune homme.

נָפַל tomber, *Hi.* הִפִּיל jeter, consulter (le sort).

נִפְרָץ *part. Ni. de* פָּרַץ, fréquent, abondant.

נֶפֶשׁ âme, esprit, vie: בְּנֶפֶשׁ pour la vie, c-à-d. à cause de la mort (de qqn.).

נָקִי innocent; נָקִיא id.

נֵר lampe, lumière, *rac.* נוּר briller.

נָשָׂא élever, prendre, porter.

נָשַׁק baiser, embrasser.

נָתַן donner (*voir la Gramm.*).

ס

סָעַר être agité violemment; סַעַר tempête.

סְפִינָה vaisseau.

ע

עֶבֶד serviteur.

עִבְרִי hébreu.

עָגַן *Ni.* se renfermer.

עַד jusqu' à; עַד אֲשֶׁר jusqu' à ce que.

עוֹד de nouveau, encore.

עוֹלָם *adv.* pour toujours; *lat.* in perpetuum.

עָוֹן péché, crime.

עָזַב quitter, abandonner.

עַיִן œil, *duel* עֵינַיִם, *état constr.* עֵינֵי.

עִיר ville.

עַל sur, dessus, contre; *lat.* super, in, adversus.

עָלָה monter.

עֵלִי *n. pr.* Héli.

עַם, עָם peuple.

עִם avec, auprès; *avec suff.* עִמִּי, עִמָּדִי avec moi.

עָמַד se tenir debout; cesser de.

עָנָה répondre (*suivi de* בְּ) contre qqn, c-à-d. affliger.

עָרְפָּה Orpha *n. pr.*

עָשָׂה faire, agir; qqf. traiter avec sévérité, punir.

עֶשֶׂר *fém.* עֲשָׂרָה dix.

עָשַׁת *Hithp.* se souvenir.

פ

פָּגַע insister, supplier (avec בְּ.)

פָּנֶה *pl.* פָּנִים face, visage; *avec prép.* לִפְנֵי en présence de; *avec préf.* מִלִּפְנֵי loin de; *lat.* à conspectu; *avec suff.* לְפָנַי devant moi.

פַּעַם coup, pas; פַּעַם אַחַת une fois; כְּפַעַם בְּפַעַם comme auparavant; *lat.* jam ità ut anteà.

פָּקַד regarder, visiter.

פָּרַד *Hi.* séparer, disperser.

פָּתַח ouvrir.

צ

צָלַל sonner, tinter.

ק

קָבַר enterrer, ensevelir.

קוֹל voix.

קוּם se lever; *Hi.* susciter.

קָלַל être léger; *Pi.* maudire, s'attirer la malédiction; *Hi.* הֵקֵל alléger.

קָצִיר moisson; *rac.* קָצַר couper.

קָרָא crier, appeler.

קָרַב s'approcher.

ר

רָאָה voir; *Ni.* apparaître.

רַב nombreux, grand, prince, maître (*Talmud* docteur *d'où* rabbin).

רָדַם *Ni.* dormir d'un sommeil profond.

רוּחַ vent, souffle, esprit.

רוּעַ être méchant; *Hi.* הֵרֵעַ (*suivi de* לְ) faire mal à qqn.

רוּץ courir, se hâter.

רוּת Ruth *n. pr.*

רֵיקָם vide; *lat.* vacuè.

רֵעַ ami, compagnon.

רָעָב famine.

רָעָה méchanceté, malice, mal, malheur.

שׁ

שָׂא *voyez* נָשָׂא.

שָׂבַר regarder; attendre, espérer.

שָׂדֶה champ, pays.

שָׂכָר récompense, prix, salaire.

שְׂעֹרָה orge, *pl.* שְׂעֹרִים.

שׁ

שָׁאַר *Ni.* rester, être laissé.

שָׁבַע jurer; *Ni.* id.

שָׁבַר briser.

שַׁדַּי le Tout-Puissant (le Dieu puissant).

שׁוּב revenir, retourner.

שָׁכַב se coucher, être couché, dormir.

שִׁלֹה Silo *n. pr.*

שְׁלִישִׁי troisième; בַּשְּׁלִישִׁית pour la 3ᵉ fois.

שָׁם *adv. de lieu,* là; *avec.* ה *parag.* שָׁמָּה là; *hébraïsme* אֲשֶׁר שָׁמָּה là, où; *lat.* quò.

שֵׁם nom.

שְׁמוּאֵל *n. pr.* Samuel.

שָׁמַיִם les cieux.

שָׁמַע entendre, prêter l'oreille.

שָׁנָה année; *pl.* שָׁנִים.

שְׁנַיִם deux *ét. constr.* שְׁנֵי; *fem.* שְׁתַּיִם *ét. c.* שְׁתֵּי; le nombre ord. est שֵׁנִי 2ème.

שָׁפַט juger; שְׁפֹט הַשֹּׁפְטִים le juger des juges, *hébr. pour dire* le gouvernement des juges.

שָׁרַת servir.

שָׁתַק cesser, se taire, se calmer.

ת

תְּחִלָּה commencement, *rac.* חָלַל commencer.

תִּקְוָה espérance, *rac.* קָוָה attendre, espérer.

תַּרְשִׁישׁ Tharsis *n. pr.*

תֵּת contracté pour תֵּן *inf. constr.* de נָתַן.

Tableau des changements de voyelles.

I. Des changements réguliers.

…ements des voyelles … r allongement.

cause générale.
: La cause presque unique de l'allongement des voyelles est la présence de l'un des accents disjonctifs majeurs.

dans les Noms.
: Dans les *Noms*, le Pathach qui précède l'accent se change en Quâmes, le Scheva en Ségol, le Ségol en Quâmes, ex. אֱלֹהָי pour אֱלֹהַי; פָּרִי pour פְּרִי; קָטֶל pour קֶטֶל.

dans les Verbes.
: Dans les *Verbes*, le Scheva se change en la voyelle longue qu'il remplace, ou bien s'il remplace une voyelle brève, il se change en la voyelle correspondante à cette brève, ex. יִקְטְלוּ pour יִקְטְלוּ; קָטֵל pour קָטַל de קָטַל.

…ments des voyelles … r abréviation.

Principes généraux

causes générales.
: Il y a cinq causes d'abréviation des voyelles: le *Makkeph* qui fait disparaître l'accent du mot qui le précède, le *Suffixe*, les *Afformantes* qui attirent l'accent, l'*État construit* qui joint le mot construit à son régime, le *Nombre* et le *Féminin* dans les Adjectifs qui souvent font changer l'accent de place. Dans ces différents cas, ou bien l'accent tonique sur lequel la voix doit s'élever descend vers la fin du mot, ou bien deux mots doivent être prononcés d'une seule émission de voix, alors pour ne pas trop gêner la respiration on raccourcit, on précipite les voyelles qui précèdent l'accent tonique.

points-voyelles sujets au changement.
: Dans les Noms il n'y a régulièrement que le Quâmes, le Sêrê, le Ségol, le Chôlem et le Scheva qui subissent quelque changement. Le changement n'a lieu que dans la dernière ou avant-dernière syllabe: ce qui s'applique directement aux Noms et aussi très-souvent aux Verbes.

Application.

Changements occasionnés par le Makkeph.
: Le Makkeph change les voyelles longues en leurs brèves correspondantes: ־ en ־, ־ en ־, ō en Quâmes-Chatouph, ex. מַה־ pour מָה.

Changements du Quâmes, du Sêrê et du Ségol.

(·) (·) (·) à l'avant-dernière syllabe.
: Quâmes, Sêrê et Ségol à l'avant-dernière syllabe, doivent être changés en Scheva, à cause du Suffixe, de l'état constr., etc., ex. דְּבַר, דִּבְרֵי de דָּבָר.

(·) (·) (·) à la dernière syllabe.
: Quâmes final se change en Pathach au Sing. à l'état constr. et devant les affixes כָּם et כָן. Au Pluriel il se change en Scheva à l'état constr. et devant les affixes כָּם, כָן et הָם, הָן, ex. דִּבְרֵיכֶם, דִּבְרֵכֶם, דְּבַר. Sêrê final précédé d'un Quâmes, subit les changements du Quâmes final. S'il est précédé d'un autre point-voyelle, à l'état constr. sing. il ne change pas; partout ailleurs il se change en Scheva simple, ex. אֹיֵב, אֹיְבֵי, אֹיְבֵיכֶם, זָקֵן, זִקְנֵי, זְקַן. Le Ségol final (excepté à l'état constr. sing. où il ne change pas) se change en Quâmes à l'état absolu plur. et devant les affixes autres que הֶם et כֶם; dans les autres cas il se change en Scheva simple, ex. מֶלֶךְ, מְלָכִים, מַלְכִי, מַלְכֵיכֶם.

Changements du Chôlem.
: Le Chôlem ne change pas à moins qu'il ne soit à l'avant-dernière syllabe devant un Ségol ou un Pathach: alors il se change en Quâmes-Chatouph (encore faut-il excepter l'état constr. sing.) ex. קֹדֶשׁ, קָדְשִׁי, קָדְשִׁים; אֹיֵב, אֹיְבֵיכֶם.

Changements du Scheva.
: Rarement le Scheva quiescent ne se mettent sous une gutturale, on les remplace par un Scheva composé, ex. עֲמֹד. Ce Scheva composé perd le Scheva simple qui entre dans sa composition lorsqu'il est suivi d'un autre Scheva, ex. יַעֲמְרוּ. Un Scheva simple se trouvant dans la même syllabe devant un autre Scheva soit simple, soit composé, se change en Chirek quaton devant un Scheva simple, ou bien devant un Scheva composé, il se change en la voyelle qui entre dans la composition de ce Scheva, ex. תִּקְטֹל pour תְּקַטֹּל; יַעֲמֹד pour יְעַמֹד.

II. Des changements irréguliers.

…ments dans les … ui viennent des … s irréguliers.

des défectifs ע double.
: Ces noms ne changent pas à l'état constr. sing.; mais lorsqu'ils s'allongent par l'addition d'une lettre, ils prennent un Daguesch qui compense la lettre double perdue et le point long précédent se change en bref. Ainsi de חָם on a חַם, plur. חַמִּים, fém. חַמָּה.

des quiescents עו et עי.
: Le changement est très-irrégulier dans ces Noms. Dans les uns, le Vav mobile à l'état abs. sing. devient quiescent lorsqu'il sort de cet état. Dans d'autres, le Vav quiescent au sing. devient mobile au plur., ex. שׁוֹר, שְׁוָרִים; מוֹתִי, מְוָת.

des quiescents לה.
: Quelques mots dissyllabes terminés en ה— et en ות, ne changent pas leur Quâmes de l'avant-dernière syllabe. Les noms en ה— changent le Ségol en Sêrê pour l'état constr. S'ils reçoivent quelques lettres à la fin, ils perdent leur ה—, ex. חֹזֶה, חֹזֵי, מִקְנֶה, מִקְנֵה, אֶלֶה, אֱלָתִי.

Tableau des verbes irréguliers.

Groupes de colonnes : **Irréguliers de la première radicale.** | **Irréguliers de la deuxième radicale.** | **Irréguliers de la troisième radicale.**

	Défectifs ‫פן‬ et ‫פ‬. ‫נגש‬ s'approcher.	Quiescents ‫פי‬ (Iod prim.) ‫יטב‬ être bon.	Quiescents ‫פו‬ (Vav primitif.) ‫ישב‬ être assis.	Défectifs ‫עע‬. ‫סבב‬ entourer.	Quiescents ‫עו‬. ‫קום‬ se lever.	Quiescents ‫עי‬. ‫בין‬ comprendre.	Défectifs ‫לן‬ et ‫לה‬. ‫נתן‬ donner.	Quiescents ‫לא‬. ‫מצא‬ trouver.	Quiescents ‫לה‬. ‫כלה‬ …
Changements. Lettres déficientes.	‫נ‬ ou ‫י‬ affecté d'un Scheva et précédé d'une préformante disparaît au Fut. Kal, Prét. Niphal, dans tout Hiphil et Hophal. ‫נ‬ ou ‫י‬ retranché par aphérèse à l'Impér. et Inf. constr. Kal.		‫י‬ remplaçant un ‫ו‬ disparaît à l'Inf. constr. à l'Impér. et au Fut. Kal où il devrait avoir un Scheva.	La 2ᵉ radicale disparaît en Kal, Niphal, Hiphil et Hophal en cédant sa voyelle à la 1ʳᵉ radicale. Excepté à l'Inf. abs. Kal et aux deux Part. à cause du ‫ו‬ invariable dans ces modes.	Le ‫ו‬ disparaît au Prét. Kal dans tout Hiphil et Hophal.	Même déficience.	‫נ‬ et ‫ה‬ disparaissent quand ils doivent avoir un Scheva et qu'ils sont suivis de ‫ה‬.	‫א‬ disparaît quelquefois entièrement, ex. ‫מצתי‬, mais il est plus souvent quiescent.	‫ה‬ dispar[aît] … les afform[antes] commenç[ant par] une voy[elle] …
Changements. Lettres quiescentes.		‫י‬ est quiescent au Fut. Kal et dans tout Hiphil.	‫ו‬ primitif reparaît dans Niphal, Hiphil et Hophal; il est alors quiescent en ‫ו‬ ou ‫ה‬.		Le ‫ו‬ devient quiescent à l'Inf., Impér. et Fut. Kal et dans tout Niphal.	L'‫י‬ est quiescent en Chirek à l'Inf. constr., à l'Impér. et Fut. Kal.		Devant toutes les afform. qui commencent par une consonne, ‫א‬ est quiescent au Prét. en Séré (excepté Prét. Kal qui a un Quâmes), au Fut. et Impér. en Ségol.	‫ה‬ est qu[iescent] … la fin du …
Compensations. Avant le radical.		Voyelles longues sous les préformantes : ‫ֵ‬— au Fut. Kal et ‫ִ‬— en Hiphil.	La voyelle s'allonge sous la préformante ou caractéristique en ‫ֵ‬— pour Kal, ‫ִ‬ pour Niphal et en ‫ֳ‬ pour Hophal.	Voyelle longue sous les préf. — en Kal et Niphal, — en Hiphil, ‫ו‬ en Hophal. Niphal prend cependant un Chirek quatan à l'Inf., à l'Impér. et au Fut.	Voyelle longue en Kal et Prét. Niphal; — ou — en Hiphil, ‫ו‬ en Hophal.	id.	Comme dans les ‫עו‬.		
Compensations. Dans le radical.	Un Daguesch dans la 2ᵉ radicale.			Double par un Daguesch fort la 3ᵉ radicale quand elle est suivie d'une afformante.	Voyelle longue sous la 1ʳᵉ radicale au Prét. Kal.	id.			Voyelle longue sous 2ᵉ radicale.
Compensations. Après le radical.				Devant afform. qui commencent par une consonne, remplace le Scheva de la 3ᵉ radicale par ‫ו‬ intercalé au Prét. et ‫ֵ‬— à l'Impér. et au Fut.	Même compensation que dans les verbes ‫עע‬, mais seulement au Prét. Niphal et Hiphil.	Même compensation à Kal et Niphal.	Daguesch fort dans l'afformante commençant par une consonne.		Devant l[es] qui com[mencent] par une l'Iod pri[mitif] paraît tou[jours pré]cédé d'un[e voyelle] homogène …
Formes. Piél. Poual. Hithpaël.			La 1ʳᵉ radicale peut être ‫ו‬ ou ‫י‬, ex. ‫התודע‬, ‫התיצב‬.	Le Daguesch est remplacé par ‫ו‬ et les deux dernières radicales sont conservées. On a ainsi les formes Pôël, Pôal et Hithpôël ‫סובב‬, ‫סובב‬, ‫הסתובב‬.	On met ‫ו‬ après la 1ʳᵉ radicale et on redouble la dernière pour remplacer le Daguesch omis dans la 2ᵉ radicale. On a ainsi les formes Pôlel, Pôlal et Hithpôlel, ‫קומם‬, ‫קומם‬, ‫התקומם‬.	id.			
Temps. Inf. construit.	Forme féminine ‫ת‬— ou ‫ת‬—.							Quelquefois forme féminine.	Forme féminine contracte.
Temps. Participe.									Participe [ter]miné, en …
Temps. Futur.	terminé en Pathach.	terminé en Pathach.	souvent en Séré.	Le Chôlem de l'Impér., Inf., et Fut. Kal est souvent défectivement écrit.		Futur Hiphil semblable au Fut. Kal.			Forme ap[rès] Vav [con]versif.
Remarques.	Plusieurs de ces verbes se conjuguent comme les verbes réguliers. Dans ‫לקח‬ le ‫ל‬ suit les mêmes règles que le ‫נ‬ des verbes ‫פן‬.	Dans les verbes quiescents ‫פא‬ : 1° L'‫א‬ est qqf. mobile et prend alors le Scheva composé, ex. ‫האזל‬. 2° L'‫א‬ est quiescent en ‫ו‬ au Fut. Kal des cinq verbes ‫אבה‬, ‫אבד‬, ‫אמר‬, ‫אפה‬, ‫אבל‬. 3° L'‫א‬ disparaît à la 1ʳᵉ pers. Fut. ‫אמר‬. 4° Le Fut. se termine en Pathach ou en Séré : ‫יאכל‬, ‫ראכל‬.	Ces verbes se conjuguent quelquefois comme les verbes réguliers.	Ces verbes ont beaucoup d'analogies avec les défectifs ‫עע‬. Quelques verbes ont au Prét. Kal un Séré ou un Chôlom à la place du Quâmes, ex. ‫מת‬, ‫בוש‬.	Cette forme Kal ‫בין‬ semble être la forme des précédents, à laquelle on aurait retranché la caractéristique.		L'imperfection de ces verbes se réduit à si peu de chose que les grammairiens n'en donnent pas la conjugaison dans un paradigme.	Hophal prend un Quibbous sous ses caractéristiques et préformantes.	Le ‫ה‬ rend l'Iod primitif, moins souvent, on voit d'ap[rès] logie des congénère…

Chabot, Gramm. hébr. 3ᵉ édition.